Phänomene dieser Erde

*Ein Buch über Ereignisse und Geheimnisse
jenseits jeden Begreifens*

ISBN 3-89815-028-3

Thera (Griechenland) 66
Thomas von Aquin 98
Thrakien 58
Thukydides 62, 68
Tianjin (China) 170
Tibet 127, 208
Tiglatpileser III., König
  von Assyrien 54
Tiryns (Ägäis) 58
Togo 287
Toscana 143
Toscanos Malaka (Spa-
  nien) 62
Trapani (Sizilien) 59
Trotzki, Leo D. 117, 330
Tschernenko, Konstantin
  U. 344
Tschetschenien 308
Tunis 65
Turgot, Anne Robert Jac-
  ques 13
Tyros 49, 55f., 65
Türkei 173, 320

Ungarn 144
Unteritalien 72
Uruk (Mesopotamien) 23
USA 98, 100f., 117f.,
  154f., 159, 288, 290,
  328, 339, 343, 351, 363,
  365f., 371
Utica (Tunesien) 64

Venedig 127, 129, 131-
  133, 137, 140, 143, 148,
  267
Venezuela 31, 280
Vetulonia (Italien) 61
Vietnam 219
Virginia (USA) 312
Voltaire 20, 98
Vulci (Italien) 61

Wallenstein, Albrecht von
  275f.
Wang Zhongshu, Archäo-
  loge 249

Weber, Max 103, 107,
  114, 126
Wedgwood, Josiah 264
Welser, Familie 280
Wen-Amun 55
Westindien 33, 126, 279
Wu Jingzi 234
Wu Qizhen 235

Yangzhou (China) 165,
  219, 222-232, 234-236
Yazd (China) 142
Yongzheng, Kaiser von
  China 220
Yuan Mei, Dichter 227
Yuan Zhongyi, Archäo-
  loge 247

Zheng Banqiao, Dichter
  229f.
Zipangu (Japan) 32
Zypern 47, 49, 54, 56f.,
  127

Nora (Sardinien) 54, 59
Numidien 39
Nürnberg 143, 146, 148, 291

Österreich 144
Olivares, Gaspar de Guzmán, Graf von 272
Orient 46, 55, 122, 125f., 152, 297, 303
Osaka 164
Osmanisches Reich 135, 144

Pakistan 112, 160
Palermo 59
Palestrina (Italien) 61
Palästina 135, 137
Panikkar, K.M. 103
Paphos (Zypern) 57
Paris 158, 290
Pavia (Italien) 274
Peking 211, 215f.
Persien 127, 143
Peru 31
Peter I., der Große, Zar 111
Phaistos (Kreta) 58
Phönizien 45, 47-58, 61, 68, 70
Pico della Mirandola, Giovanni 313
Pisa 127, 133
Pithekoussai/Ischia (Italien) 61
Pitt, William d. J. 178
Pius IX., Papst 314
Pizarro, Francisco 279f.
Pizarro, Gonzalo 31
Platon 76, 99
Plinius, Gaius P. 25, 40
Pnyx (Griechenland) 74
Polo, Marco 32
Portugal 110, 280, 282
Prasad, Raja Siva 112
Preußen 271f., 275, 291
Pyrgi/S.Severa (Italien) 61

Qianlong, Kaiser von China 220
Quan Zuwang, Historiker 231

Raleigh, Walter 278
Rao, P. V. Narasimha 203
Rathenau, Walther 18
Réaumur, René-Antoine Ferchault de 260
Rebmann, Missionar 37
Rhodes, Cecil 286
Richelieu, Armand Jean du Plessis, Herzog von 272
Rom 61, 77, 93, 98, 101, 105, 108, 110, 267, 313, 315
Roy, M. N. 117
Roy, Raja Ram Mohan 111f.
Rüstow, Alexander 13
Rußland 35, 40, 111, 127, 141, 144, 155, 161, 322-347 s.a. Sowjetunion

Sachsen 371
Said, Edward 100, 109, 118-120
Salomo, König von Israel und Juda 32, 48f.
Saloniki 131
Samos, Insel 58
San Salvador 30
Sanherib, König von Assyrien 57
Sardinien 47, 59, 61, 63
Saudi-Arabien 151
Schertlin von Burtenbach, Sebastian 275
Schmitt, Carl 77, 81
Schumpeter, Joseph A. 166
Schweden 258
Selinunt (Sizilien) 59
Sforza, Francesco, Herzog von Mailand 273
Shanghai 157, 170, 222
Shanxi (China) 165
Shōtoku, Kaiserin von Japan 209
Siam 219
Sibirien 35, 343
Sichuan (China) 252
Sickingen, Franz von 273

Sidon (Saida, Libanon) 49-54, 57
Singapore 162, 171
Singh, Manmohan 203
Sizilien 45, 47, 59, 63, 65f., 68
Skandinavien 25, 40
Smith, Adam 13
Smyrna 127, 131f., 138, 142, 147
Solapur (Indien) 184
Solon, Gesetzgeber 76
Solunt (Sizilien) 59
Songjiang (China) 221
Sowjetunion 116, 150, 349, 351
Spanien 31f., 40f., 45, 62-64, 110, 267, 272, 278-280, 282f.
Sri Lanka 160
Stachanow, Alexej 338
Staffordshire (England) 264
Stalin, Josef 116, 340, 345
Stein, Sir Aurel 209
Sternberger, Dolf 77
Strabo, Geschichtsschreiber 39, 55
Suchou (Suzhou, China) 212, 222
Sudan 133
Sulcis (Sardinien) 59
Sun Yatsen 173
Syrien 22, 45, 52, 129, 135, 137, 143f., 150f.

Tabriz 138, 142, 147
Tacitus, Publius Cornelius 24f., 36
Tagore, Dwarkanath 181
Tagore, Rabindranath 181
Taiwan 161f., 171, 173
Tamassos (Zypern) 57
Tartessos (Spanien) 63, 65
Tas Silg (Malta) 58
Tata, Jamshed 190
Taubman, George 285
Tell Sukas (Phönizien) 68
Tharros (Sardinien) 59
Thatcher, Margaret 265

Inhalt

Rätsel aus grauer Vorzeit   4

Was geschah mit den Mayas?   30

Die heilige Stadt ohne Mauern   37

Ufos – Besucher aus dem All?   43

Feuer der Hölle und Eis vom Himmel   77

Für immer verschwunden   98

Was passiert nach dem Tod?   122

Risse im Vorhang der Zeit   137

Spuk, Geister und Gespenster   158

Die Macht des Geistes: Grenzenlos   187

Riesen, Zwerge und andere Rätsel   214

Rätsel aus grauer Vorzeit

Leben wir auf unserem Planeten Erde mit unserer Zivilisation in der dritten, vierten oder gar fünften Generation? Unter Wissenschaftlern ist ein Streit entbrannt, ob es schon vor Beginn unserer Geschichte hoch entwickelte Zivilisationen gegeben habe.

Wortführer dieser These ist der amerikanische Astronom und Archäologe Immanuel Velikovsky der in seinen Werken postuliert: „Vor dem jetzigen Erdzeitalter gab es die gleiche Erde mehrere Male. Sie wurde geschaffen, zerstört und wieder geschaffen. Die früheren Zivilisationen sind heute so tief in den unteren Schichten der Erde begraben, dass wir keine archäologischen Beweise für ihre Existenz haben." Velikovsky und eine Anzahl anderer Wissenschaftler weisen darauf hin, dass es Leben in der jetzigen Form erst seit etwa 50.000 Jahren gibt und die Entwicklung unserer Zivilisation nur 10.000 Jahre gedauert hat. Doch Leben in anderen Formen gibt es schon seit 600 Millionen Jahren. Griechische Philosophen, darunter Platon, schrieben oft detailliert über Gesellschaftsformen, die in grauer Vorzeit entstanden und wieder verschwanden. Doch Beweise hatten auch sie nicht. Sie beriefen sich auf uralte Legenden

Einige Wissenschaftler glauben fest daran, dass eventuelle Beweise in der Bibliothek von Alexandria verloren gegangen sind, als die mit einer Millionen Bänden über die gesamte

Wissenschaft, Philosophie und Technologie vergangener Zeiten ausgestattete größte Bibliothek der damaligen Welt zerstört wurde. Sie wurde im 7. Jahrhundert von arabischen Soldaten niedergebrannt. So bleiben uns nur ein paar kümmerliche Kenntnisse über das technische Wissen früherer Generationen, die von der modernen Wissenschaft an verschiedenen Orten dieser Welt entdeckt wurden.

Sie beweisen natürlich nicht die Existenz untergegangener Erdzivilisationen, erstaunen aber durch ein Wissen, das die Menschheit erst Jahrhunderte später wieder entdecken konnte. Wenn überhaupt.

Erstaunliche Techniken

Vor mehr als 5.000 Jahren hatten Ägypter und Assyrer Werkzeuge und Waffen von einem Härtegrad, der bis heute nicht erreicht werden konnte.

In China wurde eine Gürtelschnalle gefunden, die aus hoch veredeltem Aluminium gefertigt war. Einem Metall also, das offiziell erst 1803 entdeckt wurde und erst 50 Jahre später zu seiner reinsten Form verfeinert werden konnte. Diese Schnalle war aber 1.700 Jahre alt.

In einem mehr als 2.000 Jahre alten Wrack eines griechischen Frachtschiffes fand der amerikanische Forscher Solla Price beim Röntgen eines Steinblockes ein kompliziertes technisches Gerät. Beim Reinigen wurden Skalen und Zahnräder sichtbar.

Nach genauer wissenschaftlicher Untersuchung entpuppte sich der Gegenstand als eine Art frühzeitlicher Computer, mit dem Sonnenaufgangszeiten, Mondphasen, Tag- und Nachtgleichen und die Bewegungen der damals bekannten fünf Planeten dargestellt werden konnten. Aus den Einstellungen konnte gefolgert werden, dass das Gerät zuletzt im Jahre 87 v. Chr. „programmiert" worden war. Doch das erstaunlichste an dem Gerät war ein Differenzialgetriebe, wie es heute jedes Auto hat. Eines der kompliziertesten mechanischen Elemente überhaupt. Das Differenzial wurde erst 1828 bei uns patentiert.

In allen Teilen dieser Welt wurden Geräte und Schmuckstücke gefunden, deren Herstellung heute große Schwierigkeiten machen würde, weil sie bis heute noch nicht entwickelte Präzisionsgeräte und extrem hohe Schmelztemperaturen benötigten.

Dass vor mehr als 2.000 Jahren auch schon elektrischer Strom bekannt war, entdeckte der deutsche Forscher Wilhelm König im Jahr 1936.

In den Überresten der Parther-Siedlung Chujat Rabuah bei Bagdad, fand er eine etwa 20 Zentimeter große Tonvase, in der ein Zylinder aus Kupferblech und darin ein verrosteter Eisenstab steckte, der mit Resten von Blei versehen war. König baute seinen Fund mit neuem Material nach und hielt die erste elektrische Batterie in Händen. 2.000 Jahre bevor Luigi Galvano und Allessandro Volta, die vor 200 Jahren lebten, als Erfinder der Batterie gefeiert wurden.

In vielen alten Legenden wird von „glühenden Edelsteinen" beichtet, die Noahs Arche und den Palast des Königs Salomon (1000 v. Chr.) erleuchtet hätten. Andere schildern Leuchter, die sogar Gräber erhellten und von einer unerschöpflichen Energiequelle gespeist würden. Archäologen rätseln nach wie vor darüber, wie die Ägypter ihre Malereien und Reliefs in den Pyramiden gestalten konnten. Es wurden nie Rußspuren von Fackeln gefunden. Dafür stießen Archäologen in den geheimnisvollen Gruften des ägyptischen Tempels von Dendera, 790 Kilometer nördlich von Luxor, auf Reliefs mit exakten Darstellungen von Glühbirnen.

Auf der Grundlage dieser Zeichnungen fertigte der österreichische Ingenieur Walter Garn ein genaues Model eines solchen blasenförmigen Gebildes. Ein 40 Zentimeter langer Glaskörper, dessen Durchmesser an der breitesten Stelle 12 Zentimeter betrug. Die Enden wurden mit Harz begossen, in das eine Plattenelektrode auf der einen und eine Spitze auf der anderen Seite eingelassen wurde. Wenn dann zwischen Plattenelektrode und Spitze Stromspannung angelegt wurde, leuchtete die uralte Tempellampe tatsächlich.

Wissenschaftlich erwiesen ist, dass die Galvano-Technik bereits vor 4.000 Jahren in Ägypten und im Irak angewandt wurde. In der Neuzeit wurde sie erst im 19. Jahrhundert entwickelt.

Woher hatten unsere Urahnen diese Kenntnisse? Warum gab es sie plötzlich nicht mehr, bis sie erst vor recht kurzer Zeit wieder entdeckt wurden? Und wussten sie vielleicht noch mehr als wir es heute tun? Werden bis heute noch nicht identifizierte Fundstücke vielleicht erst von uns noch erfunden? Viele Wissenschaftler sind der Meinung, dass wir noch Erstaunliches erleben werden.

Versunkene Kontinente

Es sind nicht nur Fantasten unter den Wissenschaftlern, die sich ernsthaft mit den Theorien befassen, dass es in grauer Vorzeit geheimnisvolle Kontinente gegeben haben soll, die eine hohe Zivilisation besaßen und durch Naturkatastrophen untergingen. Die Legende vom sagenhaften Atlantis ist sicherlich die bekannteste. Daneben gibt es aber auch die Sagen über Kontinente, die Mu, Lemuria oder Atland hießen.

Atlantis: Der griechische Philosoph und Schriftsteller Platon (427 – 347 v. Chr.) berichtete ausführlich über diesen geheimnisvollen Kontinent. Er berief sich dabei auf den griechischen Gesetzgeber Solon, der nach seinen Schilderungen die Insel besucht hatte. Atlantis, so beschrieb Plato die Insel, habe westlich der Säulen des Herakles gelegen (Die Straße von Gibraltar) . Ihre Bevölkerung sei sehr reich und gebildet gewesen. Der Herrschaftsbereich der Atlantis-Bewohner habe sich bis zum Norden Europas und Afrika erstreckt. Inzwischen ist sich die Wissenschaft einig, dass mit den „Säulen des Herakles" höchstwahrscheinlich nicht die Ausfahrt aus dem Mittelmeer in den Atlantik gemeint sei. Inzwischen suchen die Forscher Atlantis in allen Teilen der Welt. Es sei ein Kontinent gewesen, der von Ceylon bis in die Karibik gereicht habe, ist eine Meinung. Andere vermuten, Atlantis sei das jetzige Malta gewesen. Auch die Karibikinsel Bimini wurde ins Spiel gebracht, nachdem man dort die Ruinen einer versunkenen Stadt fand.

Doch inzwischen vermutet die Mehrzahl der Forscher Atlantis auf einer Insel im Mittelmeer, die früher Thera hieß und auf die die Beschreibung Platons verblüffend genau zutrifft. Thera ist Griechenlandtouristen als Santorin bekannt. Es sind die Reste der Insel Thera, die etwa vor 1.500 Jahren durch eine gewaltige Explosion zerstört wurde, deren Donner im gesamten Mittelmeergebiet gehört wurde.

Mit der Vernichtung Theras versank die hoch stehende minoische Kultur, von der die heutige Wissenschaft recht wenig weiß. Doch wenn man diese geringen Kenntnisse mit den Beschreibungen Platons vergleicht, so lassen sich erstaunliche Übereinstimmungen feststellen. Ausgrabungen auf den verbliebenen Kraterrändern des heutigen Santorin ergaben, dass dort früher ein großer Reichtum geherrscht haben muss. Die Architektur war auf höherem Stand als anderswo in der bekannten Welt. Die Ortschaften hatten ein ausgeklügeltes Kanalisationssystem, Malerei und Bildhauerei waren von ausgesuchter Raffinesse . Die Bewohner Theras verfügten über eine Flotte, deren Schiffe so schnell waren, dass sie alle Ziele im Mittelmeer in höchstens zwei Tagen erreichen konnten, wie Platon es geschildert hatte. Wie die Bewohner des sagenhaften Atlantis, beteten Theras Bewohner einen Stier als Gottheit an.

Das Ende Theras war mit dem von Platon geschilderten Ende Atlantis identisch. Platon schrieb: „Es kam mit heftigen Erdbeben und Überschwemmungen – in einem Tag und in einer Nacht des

Unheils (...) verschwand die Insel Atlantis in den Tiefen des Meeres." Auch Thera verschwand in einem Tag und einer Nacht, als die Vulkaninsel nach einem schweren Erdbeben explodierte. Gewaltige Riesenwellen rollten auf die 100 Kilometer entfernte Mutterinsel der minoischen Kultur, Kreta, zu. Sie zerstörten dort Städte, Tempel und Paläste und ließen die minoische Hochkultur für immer untergehen.

Erdbeben und riesige Flutwellen sollen auch einen anderen Kontinent mit dem Namen Mu vernichtet haben. Der Kontinent geistert seit 1926 durch die Wissenschaft, nachdem der in Indien lebende englische Ethnologe James Churchward die Ergebnisse seiner lebenslangen Forschungen in dem Buch „The lost Kontinent" (Der verlorene Kontinent) veröffentlicht hatte. Das Buch beginnt: „Der Garten Eden lag nicht in Asien, sondern auf einem versunkenen Kontinent im Pazifischen Ozean. Die biblische Schöpfungsgeschichte stammt nicht von den Völkern des Nils oder aus dem Tal des Euphrats, sondern von dem heute im Meer versunkenen Kontinent Mu, der Wiege der Menschheit."

Nach Churchwards Erkenntnissen, die später von anderen Wissenschaftlern nach eigenen Recherchen bestätigt wurden, hatte der Kontinent Mu 64 Millionen Einwohner, als er im Meer versank. Schon vor 50.000 Jahren habe er eine hohe Zivilisation gehabt, die unserer überlegen war. Churchward hatte im indischen Urwald steinerne Tafeln mit einer bis dato unbekannten Sprache entdeckt. Nach seinen Angaben habe ihm ein Hohe Priester Grundzüge der Sprache beigebracht. Churchward nannte die Tafeln nach ihrem Fundort Nakaaltafeln. Er hielt die Sprache für die „Ursprache der Menschheit".

Auszüge der „Heiligen Schriften von Mu" fand Churchward auch in einer Sammlung von 2.500 Steinobjekten, die der Amerikaner William Niven in Mexiko entdeckt hatte und die mit den gleichen Zeichen wie die Nakaaltafeln beschrieben waren.

Sie stammten von alten mexikanischen Völkern und beschrieben, dass Mu in zehn Stämme aufgeteilt war, die von einem König namens Ra Mu regiert wurden. Es habe keinen Krieg, keinen Hass und keinen Hader gegeben. Nicht einmal bösartige Tiere. Diese Schilderung hatte schon vor Churchward der französische Arzt und Gelehrte Abbé Brasseur de Bourbourg im Jahr 1864 gefunden, als er auf ein uraltes Buch der Maya stieß. In der Bilderschrift der Maya war von dem Kontinent Mu die Rede, von dem sie ursprünglich abstammten. Der Kontinent sei untergegangen und ein Teil der Bevölkerung habe sich retten können: die Vorfahren der Maya.

Auch der französische Arzt und Archäologe Augustus Le Plongeon, der Entdecker der Maya-Ruinen auf der mexikanischen Halbinsel Yucatan, stelle eine Verbindung der Maya und des untergegangenen Kontinents fest. Er entwarf nach den Untersuchungen des alten Maya-Buches und seiner persönlichen Auslegung der Wandbilder der Ruinenstadt Chichén Itzá ein farbiges Bild von Mu. Zur Endzeit des Kontinents habe sich dort eine böse Intrige abgespielt, als sich zwei Prinzen um ihre Schwester, die Königin von Mu stritten. Der stärkere, der sich Schwester und Kontinent aneignete, wurde von seinem Bruder getötet. Dann begann die Katastrophe, die Mu ins Meer riss. Während ein großer Teil des Volkes nach Mittelamerika geflohen sei, habe die Schwester in Ägypten eine neue Heimat gefunden, wo sie unter dem Namen Isis eine neue Dynastie begründete. Anhand der auf der Halbinsel Yucatan entdeckten Schriften und Bilder schildert Le Plongeon das endgültige Ende von Mu: „Zweimal von vulkanischen Kräften emporgehoben, verschwand Mu plötzlich in der Nacht. Diese Kräfte ließen es mehrfach an verschiedenen Stellen absinken und wieder auftauchen, bis die Oberfläche auseinanderbrach und in Stücke gerissen wurde. Mu versank mit seinen 64 Millionen Einwohnern in den Meeresfluten, ohne auch nur die geringste Spur zu hinterlassen."

Alle Forscher, die sich mit dem geheimnisvollen Kontinent befassten, waren davon überzeugt, dass Mu östlich von Mittelamerika in der Nähe des Golfs von Mexiko gelegen habe. Konkrete Spuren, die auf einen versunkenen Kontinent deuten, gibt es allerdings nicht.

Die gibt es auch nicht für einen weiteren angeblich unterge-gangenen Kontinent namens Lemuria. Im 19. Jahrhundert waren viele Zoologen davon überzeugt, dass es diese Festlandbrücke zwischen Madagaskar und der Küste des Indischen Ozeans gegeben habe. Nur auf Madagaskar und an den Küsten des Indischen Ozeans existiert eine Halbaffenart, die Lemuren heißen. Sonst gibt es sie nirgendwo auf der Welt. Die Zoologen schlossen daraus, dass es eine Landbrücke gegeben haben müsse, da die kleinen Affen die dazwischen liegende Meeresfläche unmöglich überqueren konnten.

Im Jahr 1988 schrieb Helena Blavatsky, die Gründerin der umstrittenen Theosophischen Gesellschaft, ein Buch über Lemuria: „Die Geheimlehre". Sie habe das Wissen über Lemuria aus einem uralten Buch der Bruderschaft der Mahatmas in Tibet bekommen. Dieses Buch „Dzyan" sei von den Bewohnern Atlantis' in der vergessenen Sprache „Senzar" verfasst worden und habe die Geschichte Lemurias zum Inhalt gehabt.

Nach den Erzählungen der Frau Blavatsky waren die Bewohner Lemurias große Affen, die ohne Sprache auskamen, weil sie telepathisch miteinander kommunizierten. Ein Beweis für die Existenz Lemurias, das schon vor 40 Millionen Jahren im Meer versunken sein soll, wurde nie gefunden.

Viel älter als die Legende von Lemuria sind uralte Berichte über einen Kontinent namens Atland. Sie geistern schon seit Jahrhunderten durch viele Sagen in Nordeuropa. 1871 schien dann der Beweis für den Wahrheitsgehalt der Legenden gefunden zu sein. Bei einer friesischen Familie in Holland fanden Wissenschaftler das „Oera-Linda-Buch", das schon seit vielen

Generationen im Besitz der Holländer war. In der uralten Handschrift wurde Atland als halbkreisförmige Landmasse nordöstlich von Großbritannien beschrieben. Der Kontinent, auf dem subtropisches Klima geherrscht habe, sei 2193 v. Chr. durch eine kosmische Katastrophe untergegangen. Vor dieser Katastrophe, die nicht näher beschrieben wurde, muss Atland ein Paradies mit funktionierender Demokratie gewesen sein.

Die Bewohner seien sehr reich gewesen, da sie weite Teile Europas und Afrikas kolonisiert hatten. England war nach der Niederschrift mündlich weitergegebener Berichte eine Strafkolonie für Missetäter von Atland. Die Helden Atland seien die Vorbilder für viele Gestalten und Gottheiten der antiken Mythologie gewesen.

Atland muss – so es es gegeben hat, ein Paradies gewesen sein. Ein Zitat aus dem „Oera-Lind-Buch": „Bevor die schlechte Zeit hereinbrach, war unser Land das schönste der Welt. Die Jahre wurden nicht gezählt, denn eines war so glücklich wie das andere." Angeblich gaben Überlebende der Katastrophe die Geschichte Atland von Generation zur Generation weiter, bis die Geschichte des verlorenen Kontinents vor Jahrhunderten aufgeschrieben wurde.

Der Wissenschaftler Roger Scrutton fand das Buch in Holland und erhielt die Erlaubnis, es zu veröffentlichen. Er schrieb darüber ein viel beachtetes Buch: „The Other Atlantis" (Das andere

Atlantis). Das „Oera-Lind-Buch" wurde von vielen Wissenschaftlern als authentisch angesehen, aber da weitere Beweise für die Existenz Atlands fehlen, nicht als beweiskräftige Quelle betrachtet.

Erstaunliches Wissen

Beweise für ein außergewöhnliches Wissen, dessen Herkunft für Wissenschaft und Forschung unerklärlich ist, gibt es bei den sogenannten Naturvölkern, vor allem in Afrika. In der südlichen Sahara leben vier verwandte afrikanische Stämme, die Dogons. Sie beten den Sirius als Gottheit an. Die französischen Anthropologen Marcel Griaule und Germaine Dieterlen lebten von 1946 bis 1950 bei den Dogons und gewannen ihr Vertrauen. Die erstaunlichen Berichte der französischen Anthropologen wurden später von anderen Wissenschaftlern bestätigt.

Mittelpunkt des Lebens und der Verehrung der Dogons ist seit Jahrhunderten der Sirius, der hellste Stern am Firmament, der in Wirklichkeit aus zwei Sternen besteht. Um Sirius A, den wir sehen können, kreist Sirius B, ein erloschener Stern („Weißer Zwerg"). Er ist für das bloße Auge nicht sichtbar. Der Zwerg wurde erst 1826 von dem Amerikaner Alvan Clark durch das damals größte Fernrohr entdeckt und erst 1970 konnte Sirius B zum erstenmal fotografiert werden.

Die Dogons wussten seit Jahrhunderten nicht nur alles über Sirius B, sondern auch über ganz spezielle Merkmale: Es war ihnen bekannt, dass er erloschen ist und dass er weiß sei und „der schwerste Stern ist, aus einem Material, das schwerer ist als alles Eisen auf der Erde." Eine exakte Beschreibung. Denn Sirius B hat eine Dichte von 20.000 Tonnen pro Kubikmeter. Außerdem wussten die Dogons, dass der Zwergstern den Hauptstern auf einer elliptischen Bahn in 50 Jahren einmal umläuft. Und sie kannten die Stellung von Sirius A innerhalb der Ellipse.

Doch die Dogons kannten nicht nur die Geheimnisse des Sirius. Sie waren über das gesamte Weltall überraschend gut informiert. Sie konnten den Ring, der den Saturn umgibt, aufzeichnen. Sie wussten, dass der Jupiter vier Hauptmonde hat, dass die Planeten die Sonne umkreisen, dass die Erde rund ist und sich um ihre eigene Achse dreht.

Es war ihnen bekannt, dass unsere Galaxie, die Milchstraße, eine Springform hat. Das hatten Astronomen der Neuzeit erst in diesem Jahrhundert herausgefunden. Das Wissen der Dogons ist um so erstaunlicher, wenn man berücksichtigt, dass sie weder lesen noch schreiben können. Und Fernrohre waren ihnen unbekannt.

Die Dogons führen ihr Wissen darauf zurück, dass vor vielen tausend Jahren Sirius-Bewohner auf die Erde kamen und ihnen die Gestirne erklärten. Sie seien zu Beginn unserer Zivilisation im Persischen Golf gelandet, der eigentlichen Heimat der Dogons.

Sie nannten die Besucher aus dem All „Nommos", was soviel wie „Sie lebten im Wasser" heißt. Es seien Wesen gewesen, die sowohl im Wasser wie auch auf der Erde leben konnten. Auch babylonische, ägyptische und griechische Legenden berichten von Amphibienwesen, die aus dem Himmel zu ihnen kamen. Eine wissenschaftliche Erklärung für den Siriuskult und das außergewöhnliche astronomische Wissen der Dogons gibt es bisher noch nicht.

Die auf Neuseeland lebenden Maori verehren die Sterne ebenfalls gottgleich. Sie gaben den Sternen und Sternbildern schon vor Jahrhunderten ihre eigenen Namen und orientieren sich auf ihren Wegen durch die polynesische Inselwelt ausschließlich an den Gestirnen. Besonders verehrt wird der Hauptstern „Parearu", von dem die Maori wissen, dass er von einem Ring umgeben ist. Ob mit diesem Stern der Jupiter oder der Saturn gemeint ist, geht aus den Legenden nicht hervor. Fest steht aber, dass weder die Ringe des Saturn oder Monde des Jupiters mit bloßem Auge erkennbar sind. Und Fernrohre haben die Maori nie besessen.

Die hatten auch Ituri-Pygmäen in Zentralafrika nicht, bei denen der französische Anthropologe Jean-Pierre Hallet zwei Jahre lebte und sogar Ehrenmitglied des Efe-Stammes wurde. Er fand heraus, dass die Pygmäen den Saturn seit Urzeiten „Bibi Tiba Abutsiua Ani" nennen – den Stern der neun Monde. Dabei war der neunte Saturnmond offiziell erst 1899 von dem Amerikaner W.H. Pickering entdeckt worden. Woher die Pygmäen von den Monden wussten, ist bis heute ein Geheimnis.

Bis heute steht die Wissenschaft vor einem Rätsel, wie der Dichter Jonathan Swift zu astronomischen Kenntnissen kam, die erst lange Jahre nach seinem Tode entdeckt wurden. In seinem Roman „Gullivers Reisen" erzählt Swift, dass der Mars zwei Monde habe, die ihn in einer Entfernung von drei und fünf Längen seines Durchmessers umkreisen. Der ihm nächstliegende in zehn Stunden, der äußere in 21,5 Stunden. „Gullivers Reisen" erschien im Jahr 1726.

Doch die Marsmonde wurden erst im August des Jahres 1877 mit einem neu entwickelten Teleskop entdeckt. Sie bestätigten auch Swifts Darstellung, dass es sich bei den Monden um kaum mehr als kleine Steinbrocken handelt, wobei sich der innere Mond mit rasender Geschwindigkeit um den Planeten bewegt. Woher kannte Swift die Monde und ihre Eigenarten? Eine Erklärung wurde bisher nicht gefunden.

An vielen Orten Westeuropas wurden Megalithe gefunden, Steinriesen, die Zeugen einer verlorenen Zivilisation sind. Die von Menschenhand gebauten Kultstätten wurden in einer Zeit errichtet, als die Menschen Europas nicht einmal schreiben oder lesen konnten. Das bekannteste Heiligtum ist zweifelsohne Stonehenge bei Salisbury in England. Die gewaltigen Bausteine stammen aus den 200 Kilometer entfernten Prescelly- Bergen in Wales.

Die Archäologie fand zunächst keine Erklärung für den Sinn der gewaltigen Bauten. Doch nach und nach setzte sich die Meinung durch, dass sie neben Kultstätten astronomische Beobachtungszentren waren. Und zwar von einer Perfektion, die für die Zeit, als die Megalithe gebaut wurden, anderen Hochkulturen ebenbürtig, wenn nicht überlegen waren.

Der Steinkreis von Stonehenge wurde im Jahr 1860 v. Chr. gebaut. Damit scheiden die Römer als Bauherren aus, ebenso die Kelten, die erst im 6. Jahrhundert v. Chr. in England auftauchten. Folglich müssen bisher unbekannte Völker als Schöpfer von Stonehenge gelten. Stonehenge ist geometrisch und astronomisch exakt ausgerichtet, wie die übrigen 600 geheimnisvollen Steinmonumente im westlichen Europa. Professor Dr. Alexander Thom von der Universität Oxford fand 1967 als erster heraus, dass beim Bau eine gemeinsame Maßeinheit benutzt wurde: das megalithische Yard (2,72 Fuß). Alle Kreise basieren auf einer inneren Geometrie, die den Gebrauch des rechtwinkligen Dreiecks voraussetzte. Dieses wurde „offiziell" jedoch erst 1.000 Jahre später vom Griechischen Mathematiker Pythagoras entdeckt. Außerdem war den Erbauern auch die Bedeutung des Wertes „Pi" bekannt, also 2.000 Jahre bevor Hinduwissenschaftler ihn im 6. Jahrhundert n. Chr. entdeckten.

Die astronomischen Kenntnisse der geheimnisvollen Architekten waren enorm. Mit Markierungssteinen, Gerüsten und Ausschnitten in den Hügeln konnten Sommer und Wintersonnenwenden, Sonnenfinsternisse und wichtige Sternenbewegungen beobachtet werden.

Ihnen war auch das „kleine Stillstehen" des Mondes bekannt, das durch den ellipsenförmigen Lauf des Trabanten bedingt und nur alle 18,6 Jahre wahrzunehmen ist. Der englische Astronom Sir Fred Hoyle bemerkte zu diesen außergewöhnlichen Leistungen: „Sie müssen einen Newton oder Einstein gehabt haben."

Woher das Wissen der unbekannten Baumeister und Astronomen kam, ist nach wie vor unbekannt. Und es ging mit der Zeit verloren. Es hat nie Aufzeichnungen gegeben, keine Berichte, keine Bauzeichnungen. Wie konnten sie dennoch ihr Wissen über die Jahrhunderte weitergeben? Die Wissenschaft meint, es käme nur mündliche Überlieferung in Frage. Sie hat dafür einen berühmten Zeugen: Julis Cäsar, der während der römischen Besetzung Englands Stonehenge besuchte, berichtete nach Rom: „Die Priester mussten viele Verse auswendig lernen und verbrachten oft 20 Jahre ihres Lebens damit. Ihr Wissen durfte wohl aus zwei Gründen nicht schriftlich festgehalten werden: Erstens, um die Geheimnisse vor der Öffentlichkeit zu bewahren, und zweitens, um das Gedächtnis der Schüler zu trainieren." Mit der Zeit ging das Wissen dennoch verloren. Für immer.

Während in Westeuropa ein geheimnisvolles Volk Steinkreise und Megalithe baute, entstand vor mehr als 2.000 Jahren in Südamerika das größte Kunstwerk der Welt: Die Scharrbilder von Nazca. Erst 1939 entdeckten Piloten diese geheimnisvollen Bilder, die ein Gebiet von fast 50 Kilometern Länge und 15 Kilometern Breite bedecken. Vor mehr als 2.000 Jahren ist dieser kreuz und quer verlaufende Riesenbild entstanden, das unter anderem eine riesige stilisierte Blume und andere Pflanzen, eine Eidechse, eine Spinne oder einen Kondor mit einer Flügelspannweite von 122 Metern darstellt. Doch das gewaltige Kunstwerk ist nur aus der Luft zu beobachten. Am Boden sieht man so gut wie nichts. Dr. Paul Kosok, Bodensachverständiger der Universität von Long Island, untersuchte das Gelände Meter für Meter und erklärte: „Die Furchen der Bilder kommen nur dann deutlich zum Vorschein, wenn man der Länge nach darüber blickt. Steht man einige Meter seitwärts, so werden sie unsichtbar." Von Satelliten wurden dagegen aus einer Höhe von 920 Kilometern hervorragende Fotos von den Riesenbildern gemacht.

Bisher blieben die Scharrbilder von Nazca ein Wunder, dessen Sinn und Bedeutung noch unbekannt ist. Die deutsche Astronomin Dr. Maria Reiche, die sich 40 Jahre lang mit den Riesenbildern beschäftigte, ist überzeugt: „Die Peruaner müssen Werkzeuge und Ausrüstungen gehabt haben, die wir nicht kennen und die mit ihrem Wissen untergegangen sind.

Und zur selbstverständlich auftauchenden Theorie, die Zeichnungen hätten Landeplätze Außerirdischer markiert und seien später von den Inka als Kultstätte zu Verehrung der Besucher aus dem All genutzt worden, meinte Frau Dr. Reiche lediglich: „Man muss fliegen können, um so etwas zu konstruieren."

Ähnlich rätselhaft wie die Scharrbilder von Nazca sind Zweck und Sinnes beim Bau der Cheopspyramide. Das 2570 v. Chr. gebaute mächtige Denkmal der Ägypter hat sein Geheimnis bis heute nicht gelüftet. Die rätselhafteste der 35 Pyramiden wurde lange für die letzte Ruhestätte des Königs Cheops gehalten. Vor allem, weil Kammern gefunden wurden, die offensichtlich als Grab für Cheops und seine Frau gedacht waren.

Aber schon 820 n. Chr. drang der junge Kalif al-Mamuns in die Pyramide ein und stieß auf zwei Kammern, in denen man die sterblichen Reste Cheops' und seiner Frau vermutete. Doch die Kammern waren leer, sie enthielten keine Grabbeigaben und keine Anzeichen dafür, dass sie jemals belegt waren. Es gab auch keine Spuren von Grabräubern.

Welchen Zweck hatte das riesige Monument aber sonst? Die Ägypter waren hervorragende Astronomen. So liegt die Annahme nahe, dass es sich bei der Cheopspyramide um ein astronomisches Observatorium handelte. Gestützt wurde die These durch die Tatsache, dass die auf- und absteigenden Gänge im Inneren der Pyramide so angelegt sind, dass sie den Blick des Betrachters auf wichtige Sternkonstellationen lenken. Der französische Mathematiker Edme-Francois Jomard, der mit Napoleon nach Ägypten gekommen war, vertrat die Meinung, die Pyramide verewige ein uraltes, geheimnisvolles Maßsystem in Stein, das nicht von dieser Welt sei.

Sein britischer Kollege Charles Piazzi Smyth, vertrat die Theorie, die Länge der Grundfläche der Pyramide, dividiert durch die Breite eines Verkleidungssteins, ergebe, 365, die Zahl der Tage eines Jahres. Aufgrund seiner Berechnungen behauptete er, die Pyramide enthalte alle wichtigen Daten der Vergangenheit und der Zukunft. Bewiesen ist indessen, dass es in der Pyramide eine geheimnisvolle Energie gibt. So bewies der französische Radiästhesist Antoine Bovis in den 30er Jahren, dass Tiere in der Pyramide nicht verwesen, sondern mumifiziert werden, und das Entzündungen in der Pyramide entschieden schneller und besser heilen. Der tschechische Ingenieur Karel Drbal beobachtete in den 50er Jahren, dass Rasierklingen nicht stumpf wurden, wenn man sie in einen rechten Winkel zu der nach Norden liegenden Seite der Pyramide brachte. Drbal baute in Prag ein maßstabsgerechtes Modell der Pyramide und setzte seine Versuche mit den Rasierklingen fort. Es gelang ihm, ein Verfahren zu entwickeln, das das Stumpfwerden von Rasierklingen für immer verhindert. Er erhielt dafür vom Prager Patentamt das Patent Nummer 1008.

Noch immer werden die Pyramiden, vor allem die Cheopspyramide vermessen und auf das Genaueste untersucht, ohne dass dabei weitere Erkenntnisse zu Tage kommen. Der letzte bedeutende Fund war im Jahr 1954, als man unter dem Sand im Süden der Pyramide ein gut erhaltenes 43 Meter langes Schiff entdeckte – wahrscheinlich ein Sonnenboot, in dem Pharaonen ihre Reise zum Leben nach dem Tod antreten sollten. Es war die einzige Grabbeigabe, die bei der Cheopspyramide gefunden wurde. Und das Boot war nicht geschmückt und für seine lange Reise vorbereitet. Das Rätsel der Cheopspyramide bleibt weiter ungelöst.

Die Sphinx von Gizeh steht nicht weit von der Cheopspyramide entfernt. Es ist eine gewaltige Steinfigur von der Höhe eines sechstöckigen Hauses und einer Länge von 73 Metern. Obwohl die meisten Ägyptologen der Meinung sind, sie wäre zur Zeit der Herrschaft des Pharaos Chephren (2520 - 2494 v. Chr.) gebaut worden, vertreten in letzter Zeit viele Wissenschaftler die Meinung, sie sei viel älter.

Den Anhängern der alten Theorie genügte die Tatsache, dass man bei der Sphinx eine Statue des Pharaos Chephren gefunden hatte. Auch die Behauptung, die Sphinx trage die Züge des Pharaos Chephren, wurde inzwischen entkräftet. Hunderte von Phantomzeichnungen und Computersimulationen bewiesen, dass die Sphinx nicht Chephren darstellt.

Im Gegensatz zu den Pyramiden kann man das Alter der Sphinx nicht mit der Radiocarbonmethode bestimmen, da sie ausschließlich aus Naturstein gehauen ist. Doch sie ist mit Sicherheit älter als alle Pyramiden.

Wissenschaftler, die auch heute noch gegen diese Theorie sind, ignorieren damit schriftlich festgehaltene Zitate der Pharaonen, dass sich die Sphinx „seit Anbeginn der Zeit" an ihrem Standort befand.

Fest steht auch, dass die Sphinx wesentlich stärkere Erosionen aufweist als die angeblich zeitgleich gebaute zweite Pyramide. Der Forscher R.A. Schwaller schrieb 1973: „Es besteht kaum ein Zweifel über den alluvialen (angeschwemmten) Ursprung des Deltas. Den ungeheuren Wassermassen, die sich über Ägypten ergossen, muss eine hoch entwickelte Zivilisation vorangegangen sein. Dies lässt uns zu der Vermutung gelangen, dass die Sphinx bereits vor dieser Katastrophe aus dem Felsgestein des westlichen Gizeh-Plateaus gehauen wurde, jene Sphinx, deren Löwenkörper, mit Ausnahme des Kopfes, unverkennbare Spuren von Wasser-erosionen aufweist. Wassererosionen setzen bestimmte klimati-sche Bedingungen voraus, die es aber bereits Tausende von Jahren vor der Herrschaft Chephrens nicht mehr gegeben hatte. Die Ägyptologen akzeptierten die Erosions-Theorie fast einstim-mig, setzten aber entgegen, dass zu dieser Zeit in der Gegend nur primitive Steinzeitmenschen gelebt hätten, die ein Bauwerk wie die Sphinx nie zustande gebracht hätten.

Die Sphinx ist in Richtung Osten ausgerichtet, dem Ort, wo zur Zeit der Tag- und Nachtgleiche die Sonne aufgeht. Und es wurde errechnet, dass sie im Jahre 10 500 genau in das Sternbild des Löwen schaute, was ihren Körper erklären könnte. Die Geologen halten einen Bau im Jahre 10 500 für realistisch. Bei den Ägyptologen hat sich die Ansicht verfestigt, die gewaltigen

Bauen des Gizeh-Plateaus seien nicht am Anfang einer großen Kultur entstanden, sondern an ihrem Ende. So wie ein gotischer Dom nicht über Nacht entstehen konnte, hätten auch die Pyramiden für ihre Entwicklung und ihren Bau eine ewig lange Zeit benötigt.

Doch welche Kultur hat die Sphinx gebaut und sich dann mit den Pyramiden ein unsterbliches Denkmal gesetzt? In Platons Schriften fand sich mehrmals die Feststellung, dass die Anlage von Gizeh das letzte und großartigste Vermächtnis eines hoch zivilisierten Volkes gewesen sei, das von einer „großen Flut" vernichtet wurde.

In Platons, aber auch anderen Aufzeichnungen wurde die Zivilisation die der „Atlantiden" genannt, die der Zerstörung ihres Heimatkontinents entkommen konnten und in Ägypten eine neue Heimat fanden. Und – Platon war sicher, dass irgendwo in Gizeh eine „Halle der Urkunden" existiere, in der das gesamte Wissen und die Weisheit dieser Zivilisation aufbewahrt wurde.

In der Tat hat eine Expedition des Amerikaners John West 1991 durch seismographische Tests unter der rechten Vorderpranke der Sphinx eine große, rechteckige Höhle entdeckt. Doch der ägyptische Staat gab West und seinem Team keine weitere Erlaubnis mehr, der Angelegenheit auf den Grund zu gehen.

Weitere amerikanische Teams haben sich inzwischen darum beworben, seismographische Untersuchungen durchführen zu dürfen. Bisher vergeblich.

Ein Sprecher der ägyptischen Regierung erklärte kürzlich, dass der entdeckte Gang „noch nie zuvor geöffnet wurde und niemand weiß, was sich in ihm befindet. Aber wir werden ihn demnächst öffnen." Es heißt, die Ägypter würden dies am Anfang des neuen Jahrtausends tun.

Was geschah mit den Mayas?

Sie besaßen eine Schrift, sie kannten Zahlen und sie verfügten über exakte Kalender – die Mayas, die um das Jahr 800 v. Chr. im Südosten von Mexiko lebten sowie im angrenzenden Guatemala und in Regionen, die heute zu El Salvador und Honduras gehören. Doch eines Tages verschwand dieses hochkultivierte Volk. Als die spanischen Eroberer Mexikos zwischen 1525 und 1541 in Yucatán landeten, trafen sie nur noch auf ein paar elende, dekadente Nachfahren der einst so stolzen Mayas. Heute leben im ehemaligen Maya-Gebiet noch einige wenige Lacandonen – ein paar hundert Menschen, die ihre Herkunft direkt von den Mayas ableiten. Wir wissen heute eine ganze Menge über dieses alte Volk, aber eines wissen wir nicht mit letzter Sicherheit: Weshalb ging diese Kultur unter? Ende des 18., aber vor allem im 19. Jahrhundert begann sich die Forschung für die Mayas und ihre Kultur zu interessieren, nachdem man im Dschungel Unmengen von Gebäuden gefunden hatte, die überwuchert von Pflanzen waren.

Vor allem der amerikanische Archäologe John Lloyd Stephens beschrieb die von ihm entdeckten Ruinen, die von seinem Begleiter, dem britischen Zeichner Catherwood hervorragend illustriert wurden. Allen Wissenschaftlern, Ausgräbern und Archäologen kam zugute, dass die alten Mayas ihre Baudenkmäler mit Daten versahen, so dass man heute ziemlich genau weiß, was wann errichtet wurde. Und es gab auch schriftliche Berichte in Büchern aus einer Art Papier aus Pflanzenfasern. Der spanische Bischof Diego de Landa, der schon bald nach der Landung der Konquistadoren in Yucatán eintraf, hat in seinem Bericht „Geschichte Yucatáns" (um 1560) das Leben der Mayas beschrieben. Mit Hilfe dieses Berichtes war es schließlich möglich, die Zahlenzeichen der Mayas zu entschlüsseln. Allerdings war es auch dieser Bischof de Landa, der die originalen Handschriften der Mayas als „Werk des Teufels" verbrennen ließ. So sind denn heute nur noch drei Handschriften erhalten. Eine befindet sich in Dresden, eine zweite in Madrid und die dritte in Paris. Zwar kannte man die Schriftzeichen – aber man wusste zunächst nicht, was genau sie bedeuten sollten. Erst im Jahr 1988 gelang es dem deutschen Archäologen Wolfgang Gockel, etliche Inschriften in Palenque fast ganz zu entziffern.

Dabei stellte sich heraus, dass diese Schrift nicht aus einzelnen Buchstaben, sondern aus Spracheinheiten (Morphemen) bestand. Die Wissenschaftler fanden auch heraus, dass die Mayas – lange vor den Abendländern – bereits die Null kannten. Allerdings beruhte ihr Zahlensystem nicht auf der Grundzahl 10 – wie bei uns – sondern auf der Grundzahl 20. Das heißt, dass die Einereihe von 1 bis 19 ging, die zweite Reihe geht von 20 bis 399 usw. Die Darstellung der Zahlen war eine ebenso wohldurchdachte wie auch äußerst einfache Angelegenheit. Die Null war ein liegendes Oval. Jede – Einheit – also eins, zwei, drei usw. – wurde durch einen Punkt dargestellt. Fünf Einheiten waren ein liegender Balkenstrich. Außerdem hatten sie einen Kalender, der 18

Monate umfasste. Jeder Monat hatte 20 Tage – das sind genau 360 Tage. Hinzu kamen fünf weitere Tage, die dann das Jahr – wie bei uns – mit 365 Tagen ausmachten. Dieser Kalender umfasste ein „Sonnenjahr", ein „heiliges Jahr" und ein „Venusjahr". Verblüfft mussten die späteren Forscher feststellen, dass die Mayas eine äußerst exakte Berechnung z.B. des Mondumlaufs erstellen konnten. In Chichén Itzá hatten die Mayas eine gewaltige Himmels-Beobachtungsstation. Die neuere Forschung hat mit Hilfe erhaltener Teile dieser Beobachtungsstation nachgewiesen, dass die Mayas z.B. die Umlaufbahnen der Gestirne so genau berechnen konnten, dass sie von unseren, mit komplizierten modernen Messgeräten erstellten Berechnungen höchstens um zwei Grad abweichen!

Auch auf architektonischem Gebiet vollbrachten die Mayas Hochleistungen. Sie verfügten als Baumaterialien über Sandstein, vulkanisches Gestein und über hartes Gestein, aus dem sie ihre Werkzeuge herstellten. Als Mörtel zwischen den Steinreihen benutzten sie einen sehr kalziumhaltigen Kalkstein. Sie kannten auch die Technik des falschen Gewölbes, eine Art Kraggewölbe. Ihre Bauten waren meist riesengroße Pyramiden, zu denen gewaltige Treppen hinaufführten. Auf der obersten Plattform befand sich das Heiligtum der von den Mayas verehrten Gottheiten. Steine und Erde zum Anschütten mussten lange Kolonnen von Trägern herbeischleppen. Die größten Blöcke wurden mit Rollen transportiert. Noch eine Besonderheit weisen die Bauten der Mayas auf: Über einer Pyramide wurde häufig eine zweite, darüber eine dritte und weitere errichtet. Jede dieser Pyramiden weist einen anderen Stil auf, so wie es auch Fortschritte in architektonischer Hinsicht zu verzeichnen gab. Äußerlich waren die Bauten mit reichem Schmuck verziert. Zur Bewältigung der kolossalen Bauarbeiten hatten die Mayas eine Art Fließband-Produktion entwickelt. Da musste beispielsweise die eine Gruppe von Arbeitern die steinernen Blöcke erst einmal in die ungefähre Größe bringen. Erst eine zweite Gruppe haute die Blöcke dann so zu wie sie gebraucht wurden. Wieder ein anderes Team brachte die fertigen Steine dann an ihren endgültigen Platz im Bauwerk.

Ein riesiges Maya-Reich im Sinn eines vereinten Volkes hat es nach Ansicht der Wissenschaftler wohl nie gegeben. Man glaubt vielmehr, dass die im Dschungel verstreut liegenden Städte zwar über eine gemeinsame Schrift, Kultur und wohl auch Religion verfügten, jede aber für sich handelte. Allerdings nimmt man an, dass sich – etwa beim Kampf gegen feindliche Stämme – diese Städte bei Bedarf zusammengeschlossen haben, um wirksamer agieren zu können. Weiterhin glauben die Forscher, dass jedem Gemeinwesen, also jedem Stadtstaat, ein Mann vorstand, der zugleich politisches und religiöses Oberhaupt war. Dieser Herrscher, der gleichzeitig auch als Gott verehrt wurde, hatte einen großen Hofstaat, der aus zahlreichen Würdenträgern bestand. Diese regierende Schicht bewohnte die vornehmen Paläste, die man in zahlreichen Dschungelstädten der Mayas gefunden hat. Und der Herrscher war es wohl auch, der über die besten astronomischen und mathematischen Kenntnisse verfügte. Denn er musste die komplizierten Berechnungen aus dem Lauf der Gestirne erstellen, die für die Feldbestellung der Bauern von größter Bedeutung waren. Der Gott-Priester musste bestimmen, wann gesät, wann geerntet werden musste. Von ihm allein hing das Wohl und Wehe der gesamten Bevölkerung ab. Unterhalb dieser Kaste von „Edelleuten" rangierten – gesellschaftlich gesehen – die Gilden der Baumeister und Handwerker sowie die Bildhauer und Künstler. Ganz am Ende dieser Skala standen die Bauern, die „steuerpflichtig", sprich abgabepflichtig waren. Sie hatten buchstäblich nichts zu melden, sie hatten nur zu schuften und zu gehorchen.

Wenn wir heute ziemlich gut Bescheid über das Leben der Mayas wissen, so deshalb, weil man im Lauf der Zeit eine Menge von Ausgrabungen gemacht hat. Dank der Tatsache, dass die Maya-Architekten oft über einer vorhandene Pyramide eine weitere und darüber wieder eine usw. errichtet haben, konnte man genaue Rückschlüsse über Stilwandel und zeitliche Zuordnung ziehen, zumal die Mayas ihre Bauten, aber auch viele ihrer Stelen und Götterbilder mit genauen Daten versehen haben. Außerdem wurden herrliche Skulpturen, unzählige gut erhaltene Keramiken, Jagdzubehör und Schriftstücke gefunden, von denen aber – wie gesagt – leider nur sehr wenige erhalten geblieben sind. Hinzu kommen Berichte spanischer Chronisten. Aus all diesen Mosaiksteinchen ergibt sich ein recht gutes Bild vom Leben der Mayas und ihrer Hochkultur. Aber weshalb verschwanden diese vorkolumbianischen Indios plötzlich von der Bildfläche? Die Forscher haben eine Reihe von Theorien darüber aufgestellt, einig war sich aber die Wissenschaft – wie so oft – nie. Die einen vertraten die Meinung, es sei vielleicht aus irgendwelchen Hungersnöten gekommen, andere glaubten, eine furchtbare Epidemie habe die Mayas ausgerottet. Aber wahrscheinlicher ist eine Verkettung mehrerer Umstände als Schuld am Untergang dieser Kultur:

Durch die immer pompöseren Bauten, für die ja die Bevölkerung aufkommen musste, wurden die Menschen bis aufs Blut ausgepowert. Das machte sie zunächst unzufrieden, später rebellisch. Es kam immer wieder zu größeren Bauernaufständen. Hinzu kommt, dass wahrscheinlich auch immer wieder mit Pfeil und Bogen bewaffnete aggressive Eindringlinge aus dem Norden die Maya-Stadtstaaten berannt haben. Dabei waren die Angreifer den Verteidigern, die nicht über Pfeil und Bogen verfügten, weit überlegen.

Im Jahr 987 wandern Tolteken ins Gebiet der Mayas ein. Sie, die vom Stamm der Itzá sind, bauen eine ehemalige Maya-Siedlung aus und nennen sie Chichén Itzá. Zwar haben die Mayas nichts mehr zu sagen, aber ihre Sieger übernehmen vieles aus der Kultur der Besiegten. Noch einmal blüht diese Mischung aus Maya und Tolteken-Kultur in Chichén Itzá auf, wenn auch nur für kurze Zeit. Aber alle Stadtstaaten wurden immer mehr geschwächt. Und im Lauf der Zeit verloren die Gott-Priester und ihre Gefolgsleute immer mehr von ihrer Macht und ihrem Ansehen. Mit ihnen ging auch das Wissen um den Lauf der Gestirne zurück, die Schrift geriet ebenso in Vergessenheit wie die Kenntnis mathematischer Zusammenhänge. Und man hörte zu diesem Zeitpunkt auch auf, die Bauwerke zu datieren. So weiß man, dass die letzten Datumsangaben von Gebäuden in Palenque aus dem Jahr 782 stammen. In Tikal stammt das letzte Datum aus dem Jahr 869 und in Uxmal war es 909.

Einmal noch, im Jahr 1007, erlebten die Mayas eine kurze Blüte, und zwar durch die sogenannte „Liga von Mayapán". Das war ein kurzfristiger Zusammenschluss von Mayapán, Chichén Itzá und Uxmal. Bis ins 16. Jahrhundert kam es immer wieder zu Bauernaufständen also zu Rebellionen der Armen. Und dann war es eines Tages aus mit den einst so kultivierten Mayas. Aber waren die Ursachen für ihren Untergang tatsächlich – so wie es viele Forscher glauben – innere Unruhen und Angriffe von außen? Oder gibt es doch eine andere Erklärung?

Die heilige Stadt ohne Mauern

Der riesige rote Stier wird umringt von Jägern, die offensichtlich sehr erregt sind: Sie gestikulieren mit den Armen, deuten auf das Tier mit den ausladenden Hörnern – es ist die höchste Gottheit der Stadt Catal Hüyük. Der Name klingt türkisch – und so ist es auch: Catal Hüyük liegt im Süden des anatolischen Hochlandes.

Oder besser: Dort blühte sie einst, denn diese menschliche Siedlung stammt aus dem 7. Jahrtausend v. Chr., und sie zählt mit dem biblischen Jericho und der Stadt Lepenski Vir an der Eisernen Pforte zu den bisher ältesten Stadtgründungen der Welt. Im Jahr 1961 gelang es dem britischen Archäologen James Mellaart, das vorgeschichtliche Catal Hüyük auszugraben.

In einer Höhe von etwa 1.000 Metern stieß Mellaart in der Nähe des Flusses Carsamba Cay inmitten einer Region, in der heute Getreide angebaut wird, auf die Überreste der uralten Stadt. Heute weiß man, dass sie eine Fläche von etwa 13 Hektar bedeckte. Allerdings: Bisher wurde nur ein Bruchteil davon, nämlich etwa 0,5 Hektar tatsächlich freigelegt.

Aber man kann sich dennoch ein recht gutes Bild von Catal Hüyük und den Menschen, die diese Stadt einst bewohnten, machen. Man weiß mittlerweile, dass hier zwischen 6000 und möglicherweise sogar 10000 Menschen lebten. Überrascht waren die Forscher, dass sie nirgendwo auf die Überreste von Stadtmauern stießen. Aber schon bald hatten sie dieses Geheimnis gelöst: Rings um Catal Hüyük gab es beim Bau der Stadt keine geeigneten Steine. Und eine Mauer aus ungebrannten Ziegeln, das wussten die Baumeister, war nur bedingt tauglich.

Aber sie fanden einen guten Trick: Man verzichtete auf die Befestigung, aber man legte die Häuser stufenförmig so um den Hügel an, dass es keinerlei Zwischenräume gab. Auch auf Türen und Fenster verzichtete man, es gab lediglich eine Öffnung im Dach. Catal Hüyük besaß demzufolge auch keine Straßen – die Menschen gingen einfach über die flachen Dächer, wobei Höhenunterschiede mit hölzernen Leitern überwunden wurden. Falls Feinde angriffen, brauchte man lediglich die Leitern einzuziehen. Der Gegner hätte dann Haus um Haus erobern müssen – ein ziemlich schwieriges Unternehmen.

Aber man fand bisher auch keinerlei Spuren von Kriegseinwirkungen oder von fremden Eroberern. Die Häuser selbst bestehen aus einem hölzernen Gerüst, um das Lehmziegel verbaut wurden, die mit einer Art Mörtel verbunden wurden. Die Hausgrößen sind unterschiedlich. Es gibt Gebäude, die nur etwa 11 Quadratmeter aufweisen und andere, die messen 48 Quadratmeter. Oft bestehen diese Häuser aus einem Hauptraum, um den sich mehrere kleinere Räume – z.B. Vorratskammern – gruppieren. Nicht selten sind die Wände des Hauptraumes rot angemalt. Mellaart und sein Team waren erstaunt über die hübsche „Möblierung" dieser Räume: Es gab einen Herd mit Backofen, Bänke und erhöht liegende Schlafstellen – alles aus Lehmziegeln gemauert.

An Hand der verschiedenen Schichten des Verputzes konnten die Forscher „ablesen", dass die Häuser jedes Jahr frisch verputzt worden sind. Aus der Art ihrer Innenausstattung konnten die Forscher erkennen, dass es zwischen den als Wohnhäusern genutzten Bauten eine Vielzahl von Kulträumen gab. Sie waren ganz anders ausgestattet als die „normalen" Wohnungen, ihre Einrichtung war „exklusiver" und großzügiger. Da gab es Wandmalereien und Reliefs aus Gips, aber auch kultische Statuen – etwa die einer molligen Fruchtbarkeitsgöttin, die auf einem Thron sitzt und sich auf zwei Raubkatzen stützt, während sie gerade ein Kind gebärt. Man fand auch vielfach die als Stier dargestellten Symbole der männlichen Gottheit. Und man fand die Abbildungen von Geiern. Das lässt darauf schließen, dass die Bewohner von Catal Hüyük ihre Toten nicht bestatteten, sondern sie auf freies Feld legten und sie den Geiern überließen.

Das britische Team unter James Mellaart hat bisher nur einen kleinen Teil der Stadt Catal Hüyük ausgegraben, aber schon jetzt steht fest, dass auf je zwei Wohnhäuser eine Kult stätte kommt. Damit taucht die Frage auf: War Catal Hüyük vielleicht eine heilige Stadt? Aber es kann natürlich auch sein, dass die Archäologen per Zufall erst einmal das Stadtviertel der

Priesterkaste jener Zeit ausgegraben haben. Auf jeden Fall steht fest, dass Catal Hüyük nicht aufs Geratewohl errichtet wurde. Im Gegenteil: Dem Bau der Stadt lag offensichtlich ein exakter Plan zugrunde.

Es fing sozusagen damit an, dass die Ziegel „genormt" waren, ebenso lag die durchschnittliche Größe der Häuser – etwa 25 Quadratmeter – fest. Die Mauerhöhen hatten eine Norm sowie auch selbst die Öffnungen der Herde einheitlich groß waren. Dabei galten wohl als Maßeinheiten Hand und Fuß – wie es auch in späteren Kulturen oft der Fall war.

Wie muss man sich nun das Leben der neolithischen, also der jungsteinzeitlichen Menschen vorstellen? Aus den Funden geht eindeutig hervor, dass die damalige Gesellschaft straff durchorganisiert war. Die Bewohner – keine Nomaden und Jäger und Sammler mehr, aber auch keine ausschließlichen „Städter" – lebten noch immer hauptsächlich von der Landwirtschaft. Es wurden u.a. Dinkel, Gerste, Brotgetreide, Erbsen und Linsen auf relativ kleinen Feldern angebaut, die rings um die Stadt lagen. Wie bereits erwähnt, ist in jener fruchtbaren Region auch heute noch Getreideanbau die Regel.

Aus Reliefs und anderen Darstellungen wissen wir heute, dass die Frauen die Äcker mit steinernen Geräten bestellten. Sie kümmerten sich auch um die Haustiere – Ziegen und Schafe. Die Männer dagegen gingen mit ihren Hunden, die damals noch nicht allzu lange als Haustiere gehalten wurden, auf die Jagd. Neben der Landwirtschaft befassten sich die damaligen Menschen aber auch schon mit dem Handwerk. Mit steinernen Werkzeugen wurden allerhand Gegenstände des täglichen Bedarfs aus Materialien wie Holz oder Knochen hergestellt.

Aber es wurden auch Körbe aus Weidenruten angefertigt oder Decken aus Wolle hergestellt – in Catal Hüyük hat man die bisher ältesten Kleidungsstücke der Welt gefunden! Außerdem kannte man die Töpferei. Bei ihrer Suche nach immer neuen Rohstoffen durchstreiften die Menschen von Catal Hüyük die gebirgige Umgebung. Dabei stießen sie auf Materialien wie Feuerstein, Alabaster, Kalkstein, Karneol oder Bergkristall. In der Umgebung der dortigen – damals noch tätigen – Vulkane fand man auch Obsidian, ein schwarzes vulkanisches Gestein, das wie Glas wirkt. Daraus ließen sich natürlich hervorragende Waffen und Werkzeuge herstellen.

Last but not least verstanden sich die Menschen von Catal Hüyük auf das Schmelzen von Blei und Kupfer. Daraus wurden Schmuckstücke und Waffen hergestellt. Gefunden wurden bisher jedoch nur die Gegenstände selbst, nicht aber die Werkstätten, in denen sie gemacht wurden.

Bauern, Jäger, Handwerker waren sie, die Leute von Catal Hüyük. Aber sie waren auch Händler. Die Städter verkauften ihre selbst gemachten Produkte in südlichere Gebiete. Ganz besonders geschätzt waren bei den „Kunden" wohl die hervorragenden Werkzeuge und Geräte aus Obsidian. Man weiß heute aus Funden, dass z.B. Obsidian-Gegenstände von Catal Hüyük sogar bis ins damalige Palästina geliefert wurden. Aber was geschah dann eines Tages mit der heiligen Stadt? Warum kam es zum Untergang? Rätsel über Rätsel.

UFOs – Besucher aus dem All?

Dies ist ohne Zweifel das meistdiskutierte Thema in der internationalen Wissenschaft: Landen Besucher aus dem Weltall auf unserer Erde, beobachten sie uns, ohne sich erkennen zu geben? Oder sind Berichte über geheimnisvolle UFOs lediglich Humbug?

Jeden Tag gehen bei von vielen Regierungen eingerichteten Institutionen Dutzende von Hinweisen ein über neue angebliche Besucher aus dem All. Vor allem bei der NASA natürlich, der US-Raumfahrtbehörde.

Trotz aller Proteste aus der Wissenschaft sehen die Zahlen der technischen Organisationen tatsächlich so aus, als ob wir wirklich Besuch von fremden Sternen bekämen. Die NASA zum Beispiel hat trotz einer negativen Haltung gegenüber UFOs immerhin fünf Prozent aller Meldungen als mit unseren derzeitigen Erkenntnissen nicht erklärbar eingestuft.

Ein französisches Forscherteam listete vor kurzem allein für Frankreich 600 Fälle auf, die für die Experten nicht erklärbar sind. Es gelang, UFOs zu filmen, Leute vom Fach wie Piloten, Kosmonauten oder Astronauten gaben ihre Begegnungen mit den unbekannten Besuchern zu Protokoll. Doch für einen großen Teil der Wissenschaft sind Besucher aus dem Weltall nicht mehr als Hirngespinste.

Seit Jahrtausenden gab es immer wieder Berichte über diese unheimlichen Gäste in ihren fliegenden Untertassen . Dieser hübsche Spitzname für die außerirdischen Raumfahrzeuge fiel 1947 dem Privatflieger Kenneth Arnolds ein, ein ehemaliger Kampfflieger, dem bei einem Spazierflug eine Rotte von UFOs begegnete.

Er flog in der Nähe des Mount Rainier (US-Staat Washington) gemütlich seine Runden, als plötzlich neun silbrige, scheibenförmige Objekte über einen Gebirgszug rasten. Die Objekte flogen in kettenartiger Formation und mit einer von Arnolds geschätzten Geschwindigkeit von 2.000 Stundenkilometern. Nach der Landung erzählte er später einem Journalisten, die Objekte seien „ständig hin und her gewackelt, wie Untertassen, die man übers Wasser schlittern lässt". Daher der Name „Fliegende Untertassen".

Trotz zahlreicher Sichtungen in allen Teilen der Welt –natürlich rufen Berichte wie der von Kenneth Arnolds auch Spinner auf den Plan – glaubte die Wissenschaft offiziell nicht an Besucher aus dem All. Doch im Jahr 1978 wurde die Front brüchig. Es gelang, UFOs zu filmen. Für viele Wissenschaftler der erste und einzige Beweis für die Existenz der geheimnisvollen Flugkörper. Ende 1978: Der Pilot einer Militärmaschine meldet über Funk südlich von Melbourne, über ihm schwebe ein „längliches Ding", das von grünem Licht umgeben sei und das ihn mit rasender Geschwindigkeit eingeholt habe. Dann rief er: „Es ist kein Flugzeug. Es ist..." Der Funkkontakt riss ab. Der Pilot Frederick Valentin meldete sich nie mehr. Von seinem Flugzeug wurde trotz intensiver Suche nicht mal ein Krümel gefunden. Aber unmittelbar nach diesem Vorfall häuften sich Berichte über geheimnisvolle Ereignisse am Himmel über Australien und Neuseeland. Zahlreiche Flugzeugbesatzungen, auch von Linienmaschinen, funkten zur Bodenstation, dass ihnen geheimnisvolle grün schimmernde Objekte folgten.

Auch vom Boden wurden eigenartige Erscheinungen gemeldet. So verschwanden Linienmaschinen plötzlich vom Radar, tauchten erst später wieder auf. Dann waren plötzlich fliegende Objekte auf den Schirmen zu beobachten, von denen niemand wusste, welche es sein könnten.

Ein Fernsehteam aus Melbourne ging der Sache nach. Am 31. Dezember 1978 flogen die Reporter in einem Frachtflugzeug die Strecken zwischen Christchurch und Wellington östlich von Neuseeland ab. Kurz nach Mitternacht entdeckten die Fernsehleute sonderbare Lichter, die kurz auftauchten, dann aber genauso schnell wieder verschwanden. Auch auf den Radarschirmen des Flughafens Wellington beobachtete man diese sonderbaren Erscheinungen.

Wenn die unbekannten Flugkörper der Frachtmaschine des Fernsehens nahe kamen, wurde das Team von dem grellen Licht stark geblendet. Der Pilot beschrieb per Funk die Objekte an die

Bodenstationen: „Unten hell leuchtend, und oben eine Art durchsichtige Kugel." Trotz der unheimlichen Begleiter filmten die Kameraleute ununterbrochen die Begegnungen. Auf ihrem 16-mm-Film wurden Sequenzen mit insgesamt 23.000 Einzelbildern festgehalten. Es waren eindrucksvolle Bilder des geheimnisvollen Objektes.

Erste Untersuchungen ergaben, dass die Flugmaschine einen Durchmesser von 18 bis 30 Metern hatte. Eine Bildfolge zeigte, dass das Objekt eine elegante Schleife flog. Und das bei einer Geschwindigkeit von 5.000 Stundenkilometern.

Schließlich wurden der Film, die Aufzeichnungen des Radars und die Tonaufzeichnungen während des Fluges 20 prominenten amerikanischen Wissenschaftlern vorgelegt, darunter Experten der Astronomie, der Elektronik, der Biophysik und der Flugtechnik. Die Expertengruppe stellte einstimmig fest, dass diese Erscheinung nicht zu erklären sei. Fehleinschätzungen wie Fixsterne, Meteore, andere Flugzeuge, Satelliten oder Luftspiegelungen, die häufig für UFOs gehalten würden seien auszuschließen. Auch ein Schwindel sei ausgeschlossen. Das Fazit des hochqualifizierten Gremiums: Es muss sich um ein UFO gehandelt haben.

Die US-Regierung, vertreten durch die NASA, die US-Luftwaffe oder den Geheimdienst CIA, bestreitet weder die Existenz von unbekannten Flugobjekten – noch bestätigt sie sie. Stereotyp wird lediglich immer wieder die Phrase wiederholt, die UFOs, gäbe sie es wirklich, stellten keine Gefahr für die Vereinigten Staaten dar.

Dabei untersucht die Luftwaffe seit 40 Jahren das Phänomen unter verschiedenen Decknamen. Dabei geht es allerdings in Wirklichkeit mehr um die Verdeckung als um ernsthafte, wissenschaftliche Arbeit. Der Astronom Professor Alan Hynek war ein scharfer Kritiker des „UFO-Unsinns". Er wurde von der US-Luftwaffe für das Projekt „Blaubuch" verpflichtet, der Tarnname einer Untersuchungsreihe, die die Bevölkerung überzeugen sollte, dass es keine außerirdischen Flugkörper gäbe.

Er verfolgte zunächst sehr skeptisch die Berichte von Sichtungen, von Landungen oder gar Begegnungen. Er hielt sie für erstunken und erlogen. UFO-Erscheinungen tat er entweder als Luftspiegelungen, wie 1956 über dem Staat Michigan, oder einfach für Wichtigtuerei bestimmter Leute ab.

Doch nach einigen Jahren legte sich die Skepsis. Weitere intensive Forschungen machten aus dem Saulus einen Paulus. 1969 erklärte er öffentlich, das „Projekt Blaubuch" sei nichts anderes, als eine „Antiwerbekampagne", um UFO-Sichtungen zu dementieren. Konsequent quittierte Hynek seinen Job bei der Luftwaffe und begann selbständig und unabhängig zu forschen, um die Existenz der fliegenden Untertassen zu beweisen. Zusammen mit anderen Wissenschaftlern gründete er ein Zentrum für UFO-

Forschung in Evanstone (US-Staat Illinois). Die Gruppe stellte schnell fest, dass die UFOs in zyklischen Abständen auftauchen. Alle fünf Jahre gibt es eine Häufung von Sichtungen. Irdische Naturgesetze gelten für die Objekte nicht und sie entwickeln Geschwindigkeiten, die von Flugmaschinen der Erde nicht einmal annähernd erreicht werden konnten. Hynek und sein Team stellen die Ergebnisse ihrer Arbeit stets auch den staatlichen Institutionen zur Verfügung. Dort wird es zumeist ad Acta gelegt.

Trotz der Vorurteile offizieller Stellen: Berichte von UFOs sind schon aus alten Zeiten überliefert. So sahen am Neujahrstag 1254 englische Mönche bei St. Albans „eine Art Schiff in der Luft, von anmutiger Bauweise und wunderbaren Farben". So steht es in der Klosterchronik.

1546 erregte ein Ereignis in Basel die damalige westliche Welt: Ein Schwarm glänzender Scheiben bedeckte den Himmel von Basel. Tausende sahen es und berichteten darüber. Und im 19. Jahrhundert gab es Hunderte von Berichten von Flugkörpern, obwohl es keine Flugzeuge, keine Wetterballons, keine UFO-Hysterie gab, die heute oft (oft zu Recht) als Gründe der Beobachtungen angenommen werden.

Eine kleine Auswahl dieser Beobachtungen:

Am 27. April 1863 berichtete das Züricher Observatorium von „fliegenden Scheiben", die „weinerliche Töne" von sich gaben.

Am 2. Oktober 1816 wurden große, leuchtende, halbmondförmige Objekte von den Bewohnern von Edinburgh gesehen.

Am 3. September 1820 überflog ein Verband von leuchtenden Objekten die französische Stadt Embrun.

Am 11. März 1845 wurden in Oxford (England) „kugelförmige Schiffe" gesichtet, die senkrecht in den Himmel stiegen.

Am 10. Oktober 1864 berichtete der damals berühmte Astronom Leverrier vom Erscheinen eines leuchtenden, rohrförmigen Objektes über Paris.

Am 8. Juni 1868 gibt das Radcliffe-Observatorium von Oxford die Sichtung von leuchtenden fliegenden Objekten zu Protokoll, die vier Minuten über der Stadt kreuzten.

Am 15. Mai berichteten die Offiziere mehrerer britischer Kriegsschiffe von zwei großen „sich drehenden Rädern", die im Persischen Golf knapp über der Wasserfläche flogen.

Am 3. Juli 1884 wurden über New York und anderen Stellen des gleichnamigen US-Bundestaats helle, runde Flugkörper mit schwarzen Zeichen gesichtet.

Im Jahr 1897 häuften sich in den Vereinigten Staaten die Meldungen. Aus Calinville (US-Bundesstaat Illinois) wurde berichtet, ein großes Flugobjekt sei gelandet. Als sich Neugierige dem „Ding" näherten, hob es ab und verschwand blitzschnell im Himmel.

In Kansas City sahen mehr als 10.000 Menschen ein „Luftschiff", das mit blitzenden Lichtern zehn Minuten über der Stadt schwebte.

Ebenfalls im August beobachtete der Politiker Alexander Hamilton, wie ein „gewaltiges Objekt" in der Nähe seines Hauses in Le Roy (US-Staat Kansas) landete. Er beschrieb den Flugkörper so: „100 Meter lang, zigarrenförmig und stahlend hell erleuchtet." Sechs Wesen seien in dem Schiff zu sehen gewesen. Als Hamilton mit Begleitern auf das Objekt zuging, sei es wieder gestartet und mit „unglaublicher Geschwindigkeit" davongeflogen".

Im 20. Jahrhundert häuften sich die Meldungen während der beiden Weltkriege. Immer wieder tauchten Gerüchte auf, die UFOs seien Geheimwaffen der jeweiligen Gegenseite. Nach Beendigung des Kalten Krieges fielen diese Gerüchte aber unter den Tisch.

Schon immer waren amerikanische Militärkreise überzeugt, dass sich auch die damalige Sowjetunion mit dem Phänomen der UFOs befasse. Nach Beendigung des Kalten Krieges stellte sich heraus, dass diese Vermutung richtig war. Die Zahl der

Beobachtungen war niedriger als im Westen, dafür stammten sie überwiegend von Fachleuten wie Piloten oder Kosmonauten. Im Jahr 1988 hatte eine Gruppe sowjetischer Militärwissenschaftler in der Nähe von Dalnegorsk im Osten der Ex-UdSSR vom Hubschrauber aus ein unbekanntes Objekt am Boden entdeckt. Die Wissenschaftler landeten und fanden ein zylindrisches Gebilde von sechs Metern Länge vor, das aus ihnen unbekannten Stoffen gebaut war.

Da eine Bergung im mörderischen russischen Winter unmöglich war. Verschob man die Bergung auf das Frühjahr. Doch als der Suchtrupp an die geortete Stelle ankam, war das Objekt verschwunden. Zurückgeblieben waren lediglich ein paar verkohlte Bäume und ein tiefer Abdruck im Boden.

Im Jahr 1967 hatten die Sowjets eine Kommission zur Erforschung unbekannter Flugkörper gegründet. Ihr Leiter war General Profiri Stojarow. Die Kommission wertete Berichte aus, die von sowjetischen Kosmonauten stammten.

So der Bericht des Kosmonauten Valerij Bykowski, den 1963 ein eiförmiges Flugobjekt in seiner Wostok-IV-Kapsel verfolgte. Das UFO hatte Bykowski in seiner Umlaufbahn um die Erde längere Zeit begleitet. Später, als die Russen ihre Informationen mit den US-Institutionen austauschten, stellte sich heraus, dass dieses UFO wie ein Ei dem anderen glich, das die Amerikaner in New Mexiko am Boden entdeckt hatten.

Die russische Wissenschaft stimmt im Gegensatz zur westlichen fast ausnahmslos darin überein, dass UFOs Raumschiffe außerirdischer Zivilisationen seien. Der ehemalige Präsident der sowjetrussischen Akademie der Wissenschaften, Professor Valerij Kuprewitsch, sagt eindeutig: „Wer weiß, vielleicht besuchen diese Wesen von anderen Sternen unsere Erde bereits seit langem, wollen aber keinen Kontakt mit uns aufnehmen. Ich vermute, dass unser gegenwärtige Entwicklungsstand von diesen Intelligenzen weit überschritten wird und wir ihnen wie die ersten Höhlenmenschen vorkommen."

Amerikanische Wissenschaftler sind sich sicher, dass die Russen in den Weiten ihres Landes Wracks von havarierten UFOs gefunden haben, dieses aber verschweigen, weil sie sich bei der Auswertung der Materialien technische Fortschritte erhoffen.

Das könnte aber auch auf die Amerikaner selbst zutreffen. Die Gerüchte tauchten spätestens im Jahr 1947 auf, als dutzende Zeugen in der Nacht zum 2. Juli in Roswell (US-Bundesstaat New Mexico) ein glühendes Objekt am Himmel sahen. Am nächsten Morgen fand ein Bauer 120 Kilometer entfernt in der Wüste ungewöhnliche Wrackteile.

Noch 240 Kilometer weiter stießen ein Ingenieur und mehrere Archäologen auf weitere Wrackteile eines nicht identifizierbaren Flugzeugs und mehrere sonderbar aussehende Leichen. Die offiziellen US-Behörden bargen die Leichen und gaben eine offizielle Erklärung an die Presse heraus, dass es sich bei den geborgenen Trümmern um außerirdisches Material handele, da ähnliche Materialien auf der Erde nicht bekannt seien. Wenig später wurde diese Meldung auf Weisung aus Washington dementiert. General G. J. Horn, der damals beim CIA in der US-Hauptstadt verantwortlich war, sagte nach seiner Pensionierung: „Der Wunsch nach einem Dementi kam von ganz oben." In der offiziellen Washingtoner Mitteilung hieß es, das Material stamme von einem Wetterballon. Seither taten die amerikanischen Stellen alles, um den „Fall Roswell" zu verschleiern.

1995 tauchte ein Film auf, der angeblich eine Obduktion eines der Opfer der Katastrophe zeigte. Die Luftwaffe präzisierte ihren Standpunkt noch einmal und teilte mit, es habe sich um einen Spionageballon vom Typ „Mongul" gehandelt. Allerdings weigerte sie sich, die Materialien untersuchen zu lassen, weil es ein streng geheimer Stoff sei. Sogar Wissenschaftler, die den Fall Roswell eher skeptisch betrachteten sich, fragten sich indes: Was soll ein Spionageballon der Amerikaner über den USA eigentlich spionieren?

Im Jahr 1948 gab es einen zweiten „Fall Roswell". Am 7. Juli tauchte in Del Rio (US-Staat Texas) auf den Radarschirmen mehrerer Flughäfen ein unbekanntes Flugobjekt auf, das 50 Kilometer jenseits der mexikanischen Grenze abstürzte. Mit Erlaubnis der mexikanischen Regierung suchten amerikanische Experten die Absturzstelle ab und fanden nach Aussagen zahlreicher Zeugen eine Metallscheibe und die verkohlten Leichen der Besatzung, menschenähnliche Wesen von eineinhalb Metern Größe. Luftwaffenoberst Whitcomb hatte das Objekt, dessen Geschwindigkeit er mit etwa 3.200 Stundenkilometern angab, auch auf dem Radarschirm seines F94-Düsenjägers ausgemacht. Er kehrte sofort zu seiner Heimatbasis zurück und flog mit einer geliehenen Sportmaschine zur Absturzstelle. Dort sah er, dass das Militär bereits aufräumte und die Trümmer des Flugobjekts auf Lastwagen verlud. Eine offizielle Erklärung zu diesem Vorfall hat es von offizieller Seite in den USA nie gegeben.

Immer wieder heißt es, die UFOs kämen in friedlicher Absicht, um die Entwicklung der Erdmenschen zu beobachten, ohne einzugreifen. Doch es gibt eine Reihe von Vorfällen, bei denen die Besucher recht rabiat vorgingen.

1948: Am Himmel von Madisonville (US-Staat Kentucky) tauchte ein großes weißes Objekt auf, das von Hunderten am Boden beobachtet wird. Drei Jäger vom Typ P51 Mustang steigen auf, um das Objekt aus der Nähe zu betrachten. Doch dann rast das UFO davon. Ein Mustang bekam den Befehl, dem „Ding" zu folgen. Am Abend fand man das verglühte Wrack des Jagdflugzeuges.

1953: Ein Düsenjäger vom Typ F 8l9 der Luftwaffe verfolgte ein Objekt über dem Oberen See. Auf dem Bodenradar waren das Objekt und der Jäger klar zu erkennen. Doch plötzlich verschwand der Jäger vom Radar. Die Suchtrupps fanden keine Spur von Flugzeug und Besatzung.

1953: Der Pilot einer DC 6-Passagiermaschine funkte während eines Fluges von Wake Island nach Washington, dass sich ein UFO nähere. Dann brach der Funkkontakt ab. Suchtrupps fanden nach Stunden das Wrack der DC6 und die Leichen von 20 Passagieren und Besatzungsmitgliedern.

Diese üblen Vorfälle sind aber bei der Vielzahl der Sichtungen Ausnahmen. Professor Hynek, der ehemalige Skeptiker, entwickelte eine Typologie der UFO-Beobachtungen, die sich auf der ganzen Welt in der UFO-Forschung durchgesetzt hat. Zunächst werden zwei Gruppen unterschieden:

Die erste Kategorie umfasst solche Beobachtungen, die aus weiter Entfernung gemacht wurden. Die zweite, wichtigere Kategorie beinhaltet alle Beobachtungen, die aus einer Entfernung von 150 Metern und naher gemeldet wurden. Diese zweite Kategorie teilte Hynck noch einmal in drei Untergruppen auf: Es sind die Begegnungen erster, zweiter und dritter Art.

Zu den Begegnungen der ersten Art zählen die Berichte von Zeugen, die ein UFO ganz aus der Nähe gesehen haben wollen. Das Objekt hinterließ keine Spuren und fremde Wesen wurden nicht gesehen. Dennoch kann die Begegnung als glaubwürdig aufgelistet werden.

Die Begegnungen der zweiten Art hinterlassen deutliche Spuren. Dabei kann es zu großen Schäden kommen, wie bei einer Begegnung in dem Dorf Saladare in Äthiopien am 7. August 1970. Beobachter der UNO berichteten von einem glühenden Ball, der mit dumpfem Dröhnen über dem Dorf hing. Der Feuerball zerstörte Häuser, brachte eine Brücke zum Einsturz, entwurzelte Bäume, ließ Metallgegenstände schmelzen, entzündete aber keine Brände. Die Feuerkugel verharrte einige Minuten über dem Dorf und schoss dann mit ungeheurer Geschwindigkeit in den Himmel. Aufgeklärt wurde dieses Rätsel nicht.

Im Lavendelfeld eines französischen Bauern aus Valensole landete ein UFO, das nach Zeugenaussagen „wie ein Rugbyball mit vier Beinen" aussah. Nachdem das Objekt wieder gestartet war, blieb ein verbranntes Stück des Lavendelfeldes übrig. Dort ist nie wieder eine Pflanze gewachsen.

Die Begegnungen der dritten Art sind alle jene, bei denen die Zeugen von Kontakten mit fremden Wesen, Entführungen, medizinischen Untersuchungen und Ähnlichem erzählen. Laut Professor Hynek sind die Berichte der dritten Art mit viel Vorsicht zu genießen. Viele Fälle erwiesen sich schon nach oberflächlicher Prüfung als Schwindel. Hynek, der über „kleine grüne Männchen" nur lachen kann, geriet allerdings bei einigen Fällen, die er zunächst für die Luftwaffe und später für sein Institut untersuchte, ins Grübeln.

Beispielsweise bei dem Fall, der 1964 in Socoro (US-Staat New Mexico") gemeldet wurde. Zeuge war ein als sehr streng bekannter Polizist namens Lonny Zamora. Er verfolgte gerade mit seinem Streifenwagen einen Verkehrssünder als er plötzlich „ein Dröhnen hörte und eine Flamme am Himmel" sah. Er brach die Verfolgung ab und folgte dem Geräusch. In einer felsigen Schlucht fand er nach seinen Angaben ein ovales Fahrzeug, vor dem zwei „Leute in weißen Overalls" standen. Als er aus seinem Streifenwagen kletterte, stiegen die Weißgekleideten in ihr Fahrzeug, das sich donnernd in die Luft erhob und blaue und orangefarbene Flammen hinter sich herzog. Das Objekt war in Sekundenschnelle verschwunden.

Hynek prüfte den Fall sehr lange und versuchte eine natürliche Erklärung zu finden. Er fand sie nicht. Dafür aber Abdrücke auf dem Boden, die er nicht deuten konnte. Außerdem waren viele Büsche verbrannt. Die Beschreibung, die Lonny Zamor von dem Objekt gab, war identisch mit der Schilderung, die der russische Kosmonaut Valerij Bykowski von dem Flugobjekt gab, das ihn 1963 in seiner Wostok IV-Kapsel verfolgte. Im übrigen haben auch amerikanische Astronauten detaillierte Berichte mit Begegnungen unbekannter Flugobjekte abgeliefert.

So hätte der Astronaut James McDivitt fast einen unwiderleglichen Beweis erbringen können, dass ihn ein UFO verfolgte. Leider kam es anders. McDivitt umkreiste mit seinem Co-Piloten Ed White im Jahr 1965 in 160 Kilometern Höhe in einer Gemini

4-Kapsel die Erde, als er ein zylinderförmiges Objekt bemerkte, das die Kapsel längere Zeit verfolgte. Der Astronaut wollte das UFO gerade fotografieren, als er Alarm von der Bodenstation erhielt. Dort war das Flugobjekt auf dem Radar bemerkt worden und man befürchtete, dass es zu einer Kollision kommen könnte.

So musste McDivitt die Kamera aus der Hand legen, um ein Ausweichmanöver zu fliegen. Dies wäre jedoch gar nicht nötig gewesen, weil der unbekannte Begleiter plötzlich aus den Augen der Astronauten und aus dem Radar verschwand. So wurde die Chance vergeben, einen handfesten Beweis über die Existenz außerirdischer Beobachter zu liefern.

Im Jahre 1953 hatte der US-Astronaut L. Gordon Cooper während eines Übungsfluges über Deutschland ein UFO gesehen. Er sagte: „Ich glaube fest an extraterrestrische Luftschiffe." Cooper blieb bis heute bei dieser Meinung.

1973 fotografierten die US-Astronauten Jack Lousma, Owen Garriot und Allan Bean in 400 Kilometern Höhe aus dem Skylab ein rotes, rotierendes UFO. Alle Astronauten bestätigten dies. Doch die Behörden haben die Bilder bis heute nicht freigegeben.

Offensichtlich wollen offizielle Stellen der Vereinigten Staaten die Existenz von außerirdischen Flugzeugen nicht zugeben. Der ständige Kommentar lautet gebetsmühlenartig:: „Für die USA besteht keine Gefahr."

Doch immer mehr Wissenschaftler schließen sich der Meinung von Professor Hynek an: „Es gibt sie, die geheimnisvollen UFOs ." Doch die meist gestellte Frage ist nach wie vor: „Aber wer sind sie? Wo kommen sie her?"

Einen Hinweis, der von der Forschung durchaus ernst genommen wird, lieferte das Ehepaar Betty und Barney Hill. Sie wurden nach ihren Angaben auf einer Landstraße von etwa 1,30 Meter großen Wesen in ein Raumschiff verschleppt Nach zwei Stunden fanden sie sich auf der selben ·Straße wieder, allerdings 50 Kilometer entfernt. Sie erinnerten sich nicht, was in der Zeit dazwischen passiert war.

Niemand wollte dem Sozialarbeiter und seiner Frau die Geschichte glauben, bis man sich entschloss, sie unter Hypnose zu befragen. Unabhängig voneinander schilderten beide die gleiche Geschichte. An Bord des Schiffes habe man sie getrennt und dann sorgfältig untersucht. Sie schilderten die Wesen: Die Augen waren entschieden größer als menschliche. Die Haut war grau. Als Frau Hill wissen wollte, wo die Wesen herkamen, habe man ihnen eine dreidimensionale Sternenkarte gezeigt.

Unter Hypnose zeichneten sowohl Barney als auch Betty Hill diese Sternenkarte nach. Die gezeichneten Karten wurden Astronomen vorgelegt, die vor einem Rätsel standen. Einerseits erkannten sie bestimmte Sternbilder, andere Sterne hatten sie jedoch noch nie gesehen. Das war im Jahr 1961. Sterne, die auf der Karte verzeichnet waren und die niemand kannte, wurden inzwischen entdeckt... Das veranlasste die Lehrerin und Amateurastronomin Marjorie Fiosh, sich in fünfjähriger Arbeit mit der geheimnisvollen Sternenkarte zu befassen. Das größte Problem dabei: Die Karten waren offensichtlich nicht von der Erde sondern von einem weit entfernten Standort aus gesehen und gezeichnet worden. Das Ergebnis der mühseligen Arbeit: Die Karte zeigte einen Ausschnitt unserer Galaxie. Aufgenommen von dem 36 Lichtjahre entfernten Stern Ceta Reticuli. Ein Team von Astronomen unter der Leitung von Professor Walter Mitchel von der Ohio State University überprüfte die Karte mit Hilfe modernster Computer. Das Wissenschaftsteam bestätigte die Richtigkeit der Arbeit der Amateurastronomin Marjorie Fiosh.

Öfter wird von Ufologen die Meinung vertreten, die Besucher hätten ihre Basen in den Weltmeeren. Im Jahr 1973 gab die „Argentinische Gesellschaft zur Erforschung ungewöhnlicher Phänomene folgendes bekannt: „Es besteht kein Zweifel mehr, dass Flugzeuge aus anderen Welten im Golf von San Matilas und San Jorge vor der Küste Patagoniens Unterwasserstandorte eingerichtet haben." Die Gesellschaft stützte ihre Feststellung auf zahlreiche Beobachtungen von USOs (Unknown Swimming Objects) – unbekannte schwimmende Objekte.

Aber nicht nur in Patagonien wurden sogenannte USOs gesehen. Auch in anderen Teilen der Welt wurden viele Berichte bekannt, die von Bewohnern der Meere erzählten. So machten

1963 der im Nordatlantik kreuzende US-Flugzeugträger „Wasp"
und zwölf Begleitschiffe ein gewaltiges Unterwasserfahrzeug aus,
das mit 150 Knoten (etwa 280 Stundenkilometern) durch das
Wasser pflügte. Dabei operierte das Objekt in mehr als 1.000
Meter Tiefe. Als das USO bemerkte, dass es vom Radar erfasst
worden war, verschwand es spurlos.

Im Juli des Jahres 1972 wurde ein weiteres USO vor der chilenischen Küste in einer Tiefe von fast 3.000 Metern geortet. Dort
herrscht ein Druck, den amerikanische U-Boote nicht aushalten
könnten. 1978 häuften sich in Italien Meldungen von USO-
Sichtungen. Von 500 Berichten blieben trotz sorgfältiger Filte-
rung 24 völlig ungeklärt.

Zu diesen nicht erklärbaren Ereignissen gehörten unter anderem Wassersäulen, die aus ruhiger See 30 Meter hoch aufschos-
sen und aus denen rote und weiße Lichter gen Himmel starteten.
Auf Radarschirmen und in Rundfunkgeräten tauchten dabei
elektronische Interferenzen auf.

Am Abend des 9. November 1978 sahen der Kapitän eines italienischen Küstenpatrouillenbootes, Nelo di Valentino, und seine
Besatzung ein gleißend rotes Licht, das aus dem Meer auftauchte. Es stieg etwa 300 Meter hoch und raste dann in östlicher
Richtung davon. Während dieses Ereignisses waren sämtliche
Funkverbindungen an Bord stillgelegt. Sie funktionierten erst
wieder, als das Objekt verschwunden war.

—

Ein eigenartiges Erlebnis hatten mehrere französische Fischer am Abend des 1. August 1962 vor dem Mittelmeerhafen Le Brusc. Sie sahen in der Dämmerung des Abends ein langes, metallenes Fahrzeug, das langsam über das Wasser glitt.

Kurz darauf tauchten etwa ein Dutzend Wesen aus dem Wasser auf, die das Boot bestiegen. Der letzte von ihnen, der im Boot verschwand, winkte den Fischern zu. Dann leuchteten rote und weiße Lichter auf. Das Schiff begann zu rotieren, es nahm eine orangene Färbung an und verschwand mit hoher Geschwindigkeit am nächtlichen Himmel.

Die Behörden verhalten sich bei den USOs genau wie bei den UFOs. Es gibt sie nicht. Auch aus offensichtlichen Spuren wird ein Geheimnis gemacht. Ein Fahrzeug, das im Juni bei Rio de Janeiro beobachtet wurde, als es auf dem Wasser landete und wieder in den Himmel startete, ließ einen roten Zylinder im Wasser zurück. Er wurde von der Polizei geborgen. Einzelheiten darüber wurden nie bekannt gegeben.

Im Juli 1970 fand ein Tiefseetaucher vor der spanischen Mittelmeerküste einen glänzenden Metallzylinder von sieben Metern Länge und drei Metern Durchmesser. Als er am nächsten Tag den Gegenstand mit Polizeitauchern untersuchen wollte, war er verschwunden. Ein ähnliches Objekt fand der Schatztaucher Martin Meylach vor der Küste Miamis. Auch dieser Gegenstand war am nächsten Tag verschwunden, als ihn am nächsten Tag

Marinetaucher untersuchen wollten. Die Air Force kommentierte den Vorfall lediglich mit den Worten: „Keines unserer Flugzeuge hat eine Rakete verloren".

Eine ungewöhnliche Erklärung für die vielen hundert Fälle, wo Objekte aus dem Wasser in den Himmel schießen oder vom Himmel in die Weltmeere tauchen, hat der Biologe Ivan T. Anderson entwickelt. In seinem Buch „The Invisible Residents" (Die unsichtbaren Erdbewohner) behauptet er, in der unendlichen Tiefe der Meere existiere eine Lebensform, die weit älter als die Menschheit an der Oberfläche sei. Die Rasse habe sich aus Lebewesen entwickelt, die in der Urzeit nicht das Meer verließen, sondern sich im Wasser entwickelten.

Da diese Rasse unter Wasser bedeutend schneller Fortschritte gemacht habe, sei sie der oberirdischen Menschheit um Millionen Jahren voraus. Sie vermieden jedoch jeden Kontakt mit den oberirdischen Menschen. Die Art, so Anderson, sei so weit fortgeschritten, dass sie in ihren Fahrzeugen interstellare Flüge unternehmen könne. Diese These des Biologen wird von der Wissenschaft allerdings nicht sonderlich ernst genommen.

Ob UFOs oder USOs: Es sind nicht nur, wie oft behauptet wird, Spinner, die ihre Begegnungen mit den unheimlichen Flugkörpern schilderten. Der ehemalige US-Präsident Jimmy Carter hat nach eigenen Angaben selbst ein UFO gesehen. Nach seiner Schilderung saß er mit 20 Freunden nach einem

Abendessen in Thomston (US-Staat Georgia) auf einer Veranda, als ein riesiges UFO auftauchte. Carter: „Es schien so groß wie der Mond zu sein und seine Farbe wechselte häufig von Rot zu Grün." Die 20 übrigen Augenzeugen dieser UFO-Sichtung bestätigten Carters Bericht.

Der Schauspieler Glenn Ford berichtete folgendes über ein UFO, das er sah: „Das Fahrzeug war blaugrün. Es war metallisch. Ich kann es am besten als zwei Riesenscheiben beschreiben, die nach innen gegeneinander gepresst waren."

Der Schauspieler William Shatner, der „Captain James T. Kirk" der ersten „Star-Trek"-Generation, hatte nach seinen Schilderungen sogar direkten Kontakt mit Außerirdischen. Mitten in der glühend heißen Mojavewüste in Kalifornien streikte sein Motorrad. Er ging zu Fuß weiter, brach aber bei 60 Grad Hitze im „Tal des Todes" zusammen. „Plötzlich sah ich ein fremdartiges stromlinienförmiges Flugobjekt über mir. Eine innere Stimme – wahrscheinlich über einen telepathischen Kontakt – sagte mir, welchen Weg ich gehen sollte."

Shatner ging den Weg, den ihm die Stimme wies. Sie führte ihn zunächst zu einer Wasserstelle und dann zu einer Straße, wo der Schauspieler ein Auto anhalten konnte. Shatner: „Manche Leute mögen meinen, ich sei einer Fata Morgana nachgegangen. Aber das stimmt nicht. Ich bin sicher, es war ein UFO, dessen Besatzung mich auf telepathische Weise rettete."

Der norwegische Forscher Thor Heyerdahl ist sicher, dass er während seiner legendären Reise mit dem Floß Ra ein UFO gesehen hat. In seinem Buch „Expedition Ra" schreib er: „Auf der Backbordseite stieg über dem ganzen Horizont eine runde bleiche Scheibe auf, die nie ganz aus dem Wasser kam, aber wie ein gespenstischer aluminiumfarbener Riesenmond, der halb verborgen vom Küstenrand aufsteigt, immer weiter wuchs.

Wie ein kompakter Sternennebel, heller als die Milchstraße und kreisrund, nahm er die Ausmaße eines stiellosen Pilzes an; er schien direkt auf uns zuzukommen. Der Mond stand auf der anderen Seite. Es war sternenklar. Wir blieben ohne Erklärung zurück." Heyerdahl hat sich später in Gesprächen vehement dafür eingesetzt, dass er damals ein UFO gesehen habe.

Auch die Schauspielerin Maria Schell will gemeinsam mit ihrem Kollegen Gary Cooper UFOs beobachtet haben. Ebenfalls im Tal des Todes, wo „Captain Kirk" gerettet wurde. 1970 habe sie bei einem Ausflug von Dreharbeiten zwei Scheiben gesehen. „Sie flogen das ganze Tal entlang und wir konnten sie zwei Minuten lang beobachten. Es waren bestimmt keine Spiegelungen oder eine Reflexion des Sonnenlichtes."

Der Bergsteiger Reinhold Messner beobachtete gemeinsam mit seinem Freund Douglas Scot während einer Himalaya-Tour in 6.000 Meter Höhe einen leuchtenden, orangefarbenen Ball, der glänzte und wie ein großer Mond dahinglitt. Messner: „Es flog ostwärts, dann nördlich, manchmal sehr langsam, manchmal wieder schnell. Ruckartig und sprunghaft. Schließlich flog das Objekt in Richtung Tibet und verschwand."

Die Filmsatire „Men in Black" war ein gelungener Film. Doch viele Menschen in Amerika haben mit den Vorbildern der Filmhelden üble Erfahrungen gemacht. Es gibt Tausende von Berichten über diese geheimnisvollen Männer in schwarzen Anzügen, weißen Hemden und schwarzen Schlipsen. Sie tauchten bei Menschen auf, die öffentlich über ihre Begegnungen mit UFOs gesprochen haben oder an Forschungen über außerirdische Objekte mitwirken.

Die Männer in Schwarz fordern die Besuchten stets auf, alles, was sie gesehen haben, schnell zu vergessen oder nicht weiterzuforschen. Manchmal wird mit Gewalt gedroht. Die geheimnisvollen Besucher fahren häufig in alten Autos vor – zumeist Cadillacs – deren Nummern gefälscht sind oder nie ausgegeben wurden.

34 eklatante Fälle wurden wissenschaftlich untersucht. Darunter auch der Fall von Dr. Herbert Hopkins, einem Arzt. Hopkins war bei der Untersuchung einer Beobachtung der zweiten Art in Maine beratend tätig.

Im September 1976 klingelte am Abend bei Hopkins das Telefon. Der Anrufer stellte sich als Vizepräsident der „UFO-Forschungsgruppe von New Jersey" vor. Er habe wichtige

Einzelheiten über den Fall, den Dr. Hopkins gerade bearbeitete, zu berichten. Und das möchte er gleich erledigen. Dr. Hopkins willigte ein und ging zur Hintertür des Hauses, um den Parkplatz zu beleuchten. Doch da kam der Besucher bereits die Treppe zur Veranda hoch. Hopkins später: „Es war weit und breit kein Auto zu sehen. Aber auch, wenn er mit dem Auto gekommen wäre, hätte er in dieser kurzen Zeit vom nicht nächsten Telefon zu meinem Haus kommen können." Handys gab es 1976 noch nicht.

Zunächst sprachen der Doktor und sein Gast allgemein über den UFO-Fall. Doch plötzlich forderte der Gast Dr. Hopkins auf, alle Tonbänder zu löschen, auf denen Hypnosesitzungen, die Dr. Hopkins unternommen hatte, aufgezeichnet waren und die Mitarbeit an diesem Fall sofort einzustellen. Sonst, drohte der Besucher, könne es unangenehm für den Arzt werden.

Dann ging der Besucher wortlos mit unsicheren Schritten, als ob er keine Kraft mehr hätte. Hopkins sah nur noch einen hellen Schein, „heller als ein Autoscheinwerfer", hörte aber keinen Laut. Doch der Besuch hatte gewirkt. Am nächsten Tag löschte Dr. Hopkins alle Aufnahmen der Hypnosesitzungen, kündigte seinen Vertrag als Berater und nahm nie wieder einen ähnlichen Auftrag an.

Häufig geben sich die MIBs (Men in Black) als Mitarbeiter des amerikanischen Geheimdienstes CIA oder der US-Luftwaffe aus. Das veranlasste Colonel George P. Freeman, Sprecher des

Verteidigungsministeriums, zu einer Stellungnahme: „Seltsame Männer mit Air-Force-Ausweisen haben UFO-Zeugen zum Schweigen gebracht. Wir haben eine Reihe solcher Fälle überprüft. Diese Männer mit den Ausweisen haben mit der Luftwaffe nichts zu tun. Wir konnten über diese Personen noch nichts in Erfahrung bringen. Wenn sie sich als militärische Geheimdienstbeamte oder als Regierungsbeamte ausgeben, begehen sie eine Straftat. Wir würden liebend gern einen von ihnen schnappen. Aber bisher kamen wir immer zu spät." Doch die geheimnisvollen Männer tauchen nach wie vor immer wieder auf, um Zeugen oder Forscher einzuschüchtern. Es gelingt ihnen immer. Und noch nie ist einer von ihnen gefasst worden.

Männer in schwarzen Anzügen und alten Cadillacs kommen in der Bibel nicht vor. Dafür liefert aber der Prophet Hesekiel eine sehr anschauliche Beschreibung für ein UFO: „Und ich sah, und siehe, es kam ein ungestümer Wind von Mitternacht her. Mit einer großen Wolke voll Feuer, das allenthalben umher glänzte; und mitten in dem Feuer war es lichthell und darin war es gestaltet wie vier Tiere, und dieselben waren anzusehen wie Menschen; und ein jegliches hatte vier Angesichter und vier Flügel (...) und ich hörte die Flügel rauschen wie große Wasser, wenn sie gingen."

Viele Wissenschaftler – nicht nur der Autor Erich von Däniken – sind der Auffassung, dass Hesekiel ein außerirdisches Raumfahrtschiff gemeint haben müsse. Daraufhin beauftragte die amerikanische Weltraumbehörde NASA ihren Mitarbeiter Josef

Blumrich damit, diese These zu widerlegen. Doch auch Blumrich kam zu dem Schluss, dass Hesekiel wahrscheinlich öfter Raumfahrzeuge beobachtet hatte, über die er in der Bibel berichtet..

Blumrich las Hesekiels Beschreibungen so genau, dass es ihm gelang, die Räder des Himmelswagens nachzubauen. Er erhielt dafür ein Patent. Diese besondere Radkonstruktion soll bei künftigen Forschungsreisen zu fremden Planeten eingesetzt werden.

Älter und präziser als Hesekiel beschreiben uralte indische Schriften Raumschiffe, gar grausame Kriegen zwischen ihnen. In dem mindestens 5000 Jahre alten Buch „Mahabharata" sind einige dieser Katastrophen beschrieben.

Dabei waren die Fremdlinge in dem Buch zunächst als friedlich beschrieben worden. Da heißt es beispielsweise: „In alten Zeiten pflegten die Götter zur Erde zu kommen. Sie nahmen menschliche Züge an, um die Menschen studieren zu können."

Im „Mahabharata" und anderen alten indischen Büchern werden Raumschiffe als „Weltraumstädte bezeichnet, die sich in bestimmten Bahnen um die Erde bewegten. Diese Weltraumstädte hatten nach den alten Schilderungen Pforten, die groß genug waren, um kleinere Flugzeuge hineinzulassen. Die kleineren Zubringerschiffe seien jeweils von drei Piloten gesteuert worden und hätten acht Passagiere befördern können. Die Beschreibungen dieser Zubringerflugzeuge ist erstaunlich exakt: Jedes dieser Flugzeuge habe eine Flügelspannbreite von zehn Meter bei einer Gesamtlänge von 13 Metern gehabt. Die Höhe betrug, vom Boden aus gemessen, fünf Meter. Im Laderaum sei Platz für 35 Kubikmeter Fracht gewesen.

Die altindischen Schriften berichten aber auch von schrecklichen Kriegen zwischen den Außerirdischen. Als die Weltraumstadt „Hiranyapurna" plötzlich angegriffen worden sei, habe sie kleine Flugzeuge eingesetzt, um den Gegner „Ajurna" abzuwehren. Doch sie hatten keine Chancen. Denn „Ajurna" antwortete mit einer Rakete von gewaltiger Sprengkraft, die die gegnerische Weltraumstadt in Stücke riss. Ihre rauchenden Trümmer stürzten auf die Erde.

Die Waffen der Außerirdischen müssen furchtbar gewesen sein. Im 7. Buch des „Mahabharata" heißt es: „Sie schoss hoch in die Lüfte, und Flammen brachen aus ihr hervor, die dem Feuer gleichen, das die Erde am Ende des Erdzeitalters verschlingt. Tausende von Sternschnuppen fielen vom Himmel, die Tiere in den Gewässern und auf dem Land erzitterten vor Angst. Die Erde bebte."

Noch schlimmere Waffen werden im Buch „Ramayana" geschildert. In dem Buch, das auch etwa 5000 Jahre alt ist, wird die Apokalypse der Atombombe vorweggenommen: „Die Waffe ist ein strahlender Blitz, ein verheerender Todesbote, der alle Angehörigen der Vrischni und der Andhale zu Asche zerfallen ließ. (...) Der Blitz senkte sich und wurde feiner Staub. Um diesem Feuer zu entkommen, stürzten sich die Soldaten in die Flüsse. Tausende von Wagen wurden vernichtet, dann senkte sich tiefe Stille über das Land. Es bot sich ein schauerlicher Anblick: Die Leichen der Gefallenen waren von der Hitze so verstümmelt, dass sie nicht mehr wie Menschen aussahen."

Heute hat die moderne Forschung in den uralten Ruinenstädten Indiens und Pakistans radioaktive Spuren nachgewiesen. Die Städte, inzwischen vom Dschungel begraben, waren total verwüstet, Steine geschmolzen und gebacken, menschliche Skelette hochgradig radioaktiv verseucht. Dr. Robert Oppenheimer, einer der Väter der atomaren Bombe, der bis zu seinem Tod nicht mit der Schuld fertig geworden ist, zitierte bei der Zündung der ersten Atombombe einen Vers aus dem „Mahabharata: „Ich habe die Gewalt des Universums gefesselt. Nun bin ich zum Zerstörer der Welt geworden."

Auch in der Neuzeit hat es eine furchtbare Explosion gegeben, die nach wie vor ein ungeklärtes Rätsel ist. Am 30. Juni 1908 um 7 Uhr 17 vormittags traf ein riesiger Feuerball das Tunguska-Tal im abgelegenen sibirischen Norden. Bis heute weiß kein Wissenschaftler, was sich dort wirklich abgespielt hat. Ein Bauer, der 100 Kilometer entfernt auf der Veranda seines Hauses frühstückte, gilt als der einzige überlebende Augenzeuge:: „Ein gewaltiger Lichtschein blitzte auf. Er entwickelte eine so große Hitze, dass mein Hemd verbrannte. Ich sah einen riesigen Feuerball, dann wurde es finster und ich spürte die Explosionswelle, die mich meterweit durch die Luft schleuderte. Ich verlor für kurze Zeit die Besinnung. Als ich wieder zu mir kam, hörte ich einen Knall, der das ganze Haus bis auf die Grundmauern erschütterte. Das heißt, was von ihm übrig geblieben war, denn die Hitze hatte es zum größten Teil verglühen lassen."

Die Gluthitze der Explosion verwüstete ein Gebiet von der Größe des Saarlandes. Alle Metallgegenstände schmolzen. Alle Tiere, darunter große Rentierherden, verbrannten. Die Druckwelle ließ sämtliche Bäume umknicken oder durch die Luft fliegen. Hätte die Explosion in einem dicht besiedelten Gebiet stattgefunden, wäre es wahrscheinlich die größte Katastrophe der Geschichte geworden. So stellten ausgesandte wissenschaftliche Expedition fest, lagen die Bäume, wie von einem Künstler arrangiert, geometrisch um das Zentrum der Katastrophe herum angeordnet. Doch man fand wider Erwarten keinen Krater, der auf den vermuteten Einschlag eines Meteoriten schließen ließ.

Man fand nichts außer einer toten Gegend mit toten Bäumen, wo nie wieder etwas nachgewachsen war. Zur Überraschung der Wissenschaftler gab es im Zentrum der Katastrophe weniger Zerstörung als dem ovalförmigen Umkreis.

Es gibt kontroverse Meinungen über die Explosion in der endlosen Weite Sibiriens. Die Theorie, ein Komet sei eingeschlagen, ist absurd, da kein Krater gefunden wurde. Außerdem hatte niemand auf der Welt zum Zeitpunkt der Explosion einen Kometen beobachtet, obwohl die Astronomie damals bereits mit leistungsstarken Fernrohren ausgestattet war.

Eine andere Theorie vertritt den Standpunkt, es könne sich nur um eine nukleare Explosion gehandelt haben. Eine Atomexplosion zu einem Zeitpunkt, als die Kernspaltung nicht einmal theoretisch möglich war. Der sowjetische Wissenschaftler Alexander Kasentsev veröffentlichte 1946 seine These, die auch andere Wissenschaftler vertraten: Es könne sich nur um die Nuklearexplosion eines Raumschiffes handeln. Dies würde die strahlenförmige Ausbreitung der Brände und die unzerstörten Bäume im Mittelpunkt, die Feuersäule und die aufsteigende Staubwolke, vergleichbar mit der heute bekannten pilzförmigen Wolke bei Atomexplosionen, erklären.

In einer neueren Theorie vertreten Wissenschaftler den Standpunkt, dass es sich um ein mit Antimaterie angetriebenes Raumschiff gehandelt habe, das über Sibirien explodierte. Wahrscheinlich wird das Rätsel der Tunguska-Explosion ein nicht aufklärbares Rätsel bleiben.

In zahlreichen Sagen und Legenden rund um den Erdball ist von Göttern die Rede, die vom Himmel auf die Erde kamen. Sogar in der Bibel findet sich ein rätselhafter Bericht darüber, der den Wissenschaftlern noch heute Kopfweh verursacht, da er im Widerspruch zu dem Glauben zu stehen scheint, nach dem wir alle Nachfahren von Adam und Eva sind. Im ersten Buch Moses heißt es: „Als aber die Menschen sich zu mehren begannen auf Erden und ihnen Töchter geboren wurden, da sahen die Gottessöhne, wie schön die Töchter der Menschen waren, und nahmen sich zu Frauen, welche sie wollten. (...) Zu der Zeit und auch später noch, als die Gottessöhne zu den Töchtern der Menschen eingingen und sie ihnen Kinder gebaren, wurden daraus die Riesen auf Erden. Das sind die Helden der Vorzeit, die hochberühmten."

Wer waren diese Gottessöhne? In der Bibel gibt es sonst keine Götter. Eine Erklärung für diese Verse wird nirgendwo gegeben. Liebesaffären zwischen Menschen und Wesen, die als Götter geschildert werden, gibt es auch in griechischen Legenden und sogar bei den nordamerikanischen Indianern.

Bei den Thompsonindianern erzählt die Legende, dass „Himmelsgeschöpfe" eine verheiratete Frau entführten. Wütend bauten die Ahnen ein Gefährt, um in den Himmel zu fliegen und die Frau zurückzuholen. Doch das Gefährt wurde bereits beim ersten Angriff der „Himmelsgeschöpfe" zerstört und die Menschen erlitten schreckliche Verluste. Mehrere Tierarten sollen dabei ausgestorben sein.

Zu den Quinaltindianern im heutigen US-Staat Washington kamen Geschöpfe aus dem Land des Himmels" und entführten zwei unschuldige Mädchen zu „fremden Sternen".

Doch andere Legenden berichten von friedlichen Zusammentreffen. Die Machingenga-Indianer in Peru erzählen von „Himmelswesen", die „auf einem leuchtenden Pfad vom Himmel auf die Erde herabkamen". Laut der japanischen Mythologie hat es einst eine Brücke vom Himmel herab gegeben, über die die Götter die Menschen besuchten.

Bei den Maori im Pazifik ist von der Verbindung einer Häuptlingstochter mit einem Prinzen aus dem „Himmelsland" die Rede. Einige Maori durften das „Himmelsland" besuchen, wo sie von den fremden Göttern unbekannte Kunstfertigkeiten erlernten.

Der bedeutende englische Archäologe T. C. Lethbridge schreibt in seinem Buch „The Legend of the Sons of God" (Die Legende der Göttersöhne) über die Fahrzeuge, die die vorzeitlichen Götter in den mythologischen Schilderungen benutzen.

In der Bibel wird Elia auf einem Feuerwagen in den Himmel gebracht. Dieses Gefährt taucht nicht nur in der indischen und hebräischen Mythologie auf, sondern auch in der griechischen, amerikanischen und der pazifischen Legendenwelt. Lethbridge sieht einen Zusammenhang zwischen diesen Fahrzeugen und den heutigen UFOs. Und er ist nach seinen ausführlichen Untersuchungen der Meinung, dass die Mythen von Besuchen außerirdischer Wesen erzählen, die vor etwa 5000 Jahren aus dem All auf die Erde kamen und die Menschheit durch Wissensvermittlung und Mischpaarung ein bis zwei Stufen in ihrer Entwicklung weiterbrachten. Lethbridge: „Aus so vielen Legenden geht klar hervor, dass dieser oder jener Gott der Menschheit diese oder jene Kunst beibrachte. Laut der walisischen Bardda hat beispielsweise Hu, der Mächtige, den Menschen beigebracht, das Land zu bestellen."

Weitere Beispiele: Die Babylonier berichteten von einer amphibischen Rasse, die Tag für Tag aus dem Persischen Golf auftauchte, und sie über Generationen in Wissenschaften und Künsten unterrichteten. Hierzu gibt es eine Parallele in der griechischen Mythologie. Hier verbreiteten amphibische Götter, die Telchinen, die Metallurgie unter den Menschen. Die Ureinwohner Australiens glauben, die Ordnung der Welt sei von Göttern vom Himmel gebracht worden. Sie nennen sie Vondjin. Die Aboriginals glauben heute, dass die Vondjina in den UFOs auch heute nach dem Rechten sehen.

Ein großer Teil der Wissenschaftler sieht in den weltumspannenden, fast gleich lautenden Mythen, mehr als Märchen oder Totemismus. Die Legenden werden auch nicht als Spekulationen betrachtet. Allerdings wartet die Wissenschaft, wie immer, auf Beweise.

Feuer der Hölle und Eis vom Himmel

Rätselhafte Selbstverbrennung

Zu den bedrohlichsten und unerklärlichsten Phänomenen gehört die menschliche Selbstverbrennung aus unbekannten Gründen. Sie steht im Widerspruch zu allen Naturgesetzen. Mediziner und andere Wissenschaftler haben keine Erklärung für dieses Phänomen. Was gerade noch ein Mensch, ist nun ein Häufchen Asche – aber die Umgebung ist so gut wie unbeschädigt.

Ein typisches Beispiel ist das des Arztes Dr. John Bentley. Am frühen Morgen des 5. Dezember 1966 betrat der Gasableser Don Chosen des Haus des Arztes, um den Stand des Zählers zu kontrollieren. Als sich auf sein Klingeln in Coudersport (US-Staat Pennsylvania) niemand meldete, ging er allein in den Keller. Am Zähler sah er ein Häufchen Asche, das offenbar durch ein Loch des Badezimmer des Arztes gerieselt war. Als der Gasableser nachschaute, fand er nur noch einen Fuß am Boden liegen, der in einem Hausschuh stak. Ansonsten war weder in der Wohnung noch im Badezimmer auch nur die Spur eines Brandes zu erkennen.

Spontane Selbstverbrennungen, wie diese Phänomene auch genannt werden, sind in unerklärlicher Weise auf westliche Länder konzentriert. Berichte darüber sind uralt. Und die erste wissenschaftliche Untersuchung des Phänomens gab es schon im Jahr 1725 in Frankreich. Der Gastwirt Jean Millet aus Reims war angeklagt, seine Frau umgebracht zu haben. Die Frau war völlig verbrannt gefunden worden. Doch es gab sonst keine Beschädigungen in dem Zimmer. Nur der Boden unter dem Aschenhaufen war angekokelt. Wider Erwarten wurde der Gastwirt freigesprochen. Ein junger Arzt, Le Cat, hatte das Gericht überzeugen können, dass es sich um keinen Mord, sondern um einen Selbstmord handelte. Wenngleich ein außergewöhnlicher.

Dr. Le Cat wies nach, dass die alkoholkranke Wirtin so betrunken gewesen war, dass es zu einer Selbstverbrennung kam. Das war natürlich ein juristischer Winkelzug des Anwalts, um seinen Mandanten zu schützen. Dennoch beschäftigte sich der junge Arzt intensiv mit Selbstverbrennung und brachte 1731 das erste Buch über das schauerliche Phänomen heraus. Darin schilderte er Dutzende von Selbstverbrennungen, die ungeklärt waren. Mit seiner Aussage vor Gericht, die Wirtin sei wegen ihrer Alkoholsucht verbrannt, schürte Le Cat den Volksaberglauben, demzufolge starke Trinker mit dem Verbrennen rechnen müssten.

Die etablierte Wissenschaft begann sich erst im 18. Jahrhundert für diese absonderliche Todesart zu interessieren. Das „British Medical Journal" schilderte am 21. April 1888 den Fall eines alten Soldaten. Er war in einer Scheune verbrannt. Da er mit einer Flasche Schnaps hineingegangen war, dachte man zunächst an einen normalen Unfalltod. Aber die Umstände sprachen dagegen. Ein Teil des Fleisches des Soldaten war wie mit einem Laser weggeschnitten worden und die Knochen lagen frei. Die Hitze musste so stark gewesen sein, dass das schiefergedeckte Dach über ihm zersprungen war. Aber die Heuballen, die direkt neben dem Toten lagen, waren nicht entzündet worden. Das Gesicht des Toten war entspannt und zeigte keine Spuren eines Todeskampfes. Der alte Soldat lag da, wie vom Blitz getroffen.

Die Wissenschaftler rätselten schon damals, wie es möglich sei, dass menschliche Körper ganz oder teilweise zu Asche verbrennen. Und das in kürzester Zeit. In einem Krematorium braucht man eine Temperatur von 1.400 Grad über lange Zeit, oft Stunden, bis eine Leiche zu Asche verbrennt. Bei der spontanen Selbstverbrennung geschieht das in Bruchteilen von Sekunden.

Es sind Tausende von Beispielen der Selbstverbrennung bekannt. Und noch immer ist es eines jener Phänomene, zu deren Erklärung es nicht einmal eine greifbare Theorie gibt. Auch der Volksglaube, Selbstverbrennung sei eine Strafe für Alkoholismus, wurde schon 1789 widerlegt. Der Priester Bertholi saß in seinem Studierzimmer im Dörfchen Filetto. Plötzlich hörten seine Haushälterin und der Chirurg Battaglio, der seinen Freund besuchen wollte, einen furchtbaren Schrei. Als beide in das Zimmer stürzten, lag der Priester auf dem Boden. Eine weißliche Flamme umgab ihn, die beim Herannahen des Arztes zurückwich. Doch der Priester konnte nicht mehr gerettet werden. Es blieb nur ein Häufchen Asche zurück.

Auch in der neueren Zeit gibt es immer wieder Fälle von spontaner Selbstverbrennung. Der Arzt B. I. Hartwell von der Massachusetts Medico Legal Society fuhr am 12. Mai 1980 durch das Waldgebiet von Ayer, als er angehalten wurde, um bei einem Notfall zu helfen. Er sah sofort, dass es sich um einen Fall von Selbstverbrennung handelte. Auf einer Lichtung stand eine junge Frau in Flammen. Das Feuer kam aus ihren Schultern, aus der Magengegend und aus den Beinen. Weder Dr. Hartwell noch andere Zeugen konnten eine Ursache für die Flammen entdecken. Die Versuche des Arztes, die Flammen zu ersticken, scheiterten. Die Unglückliche strahlte eine derartige Hitze aus, dass man sich ihr nicht nähern konnte. Als sie schließlich zu einem Häufchen Asche verbrannt war, stellten die Zeugen fest, dass das Gras der Lichtung nicht angekohlt war.

Es sind jedoch auch Fälle bekannt geworden, in denen Selbstverbrennungen durch rasches Handeln verhindert werden konnten. So stand der Professor für Mathematik an der Universität Nashville (US-Staat Tennessee), James Hilton, am 5. Juli 1835 plötzlich in Flammen. Aus seinem Bein kam eine zentimeterlange Flamme vom Durchmesser eines Vierteldollarstücks. Er versuchte vergeblich, die Flamme mit den Händen auszuschlagen.

Doch er schaltete blitzschnell und bedeckte die Flamme an seinem Bein mit den Händen, weil nichts auf der Welt ohne Sauerstoff brennen kann. Das rettete ihm das Leben. Denn das tödliche Feuer erstickte.

Doch meistens kommt jede Hilfe für die armen Opfer zu spät oder scheitert hoffnungslos. So wie bei der 19jährigen Sekretärin Maybelle Andrews. Mitten in einer Bar des Vergnügungsviertels Soho schlugen ihr beim Tanzen plötzlich Flammen aus der Brust und dem Rücken und verbrannten sie in Minutenschnelle. Alle Versuche, die Flammen mit Jacken oder Tischtüchern zu ersticken, scheiterten kläglich. Polizei und Gerichtsmediziner untersuchten den Fall und kamen übereinstimmend zu dem Ergebnis: „Tod durch Unfall, verursacht von einem Feuer unbekannten Ursprungs."

Kugelblitze und rätselhafte Feuer

Kugelblitze haben ihren eigenen Platz in der Welt der Rätsel. Jeder weiß, dass es sie gibt. In den Universitäten liegen mehr als 600 gesicherte Berichte von Erscheinungen der Kugelblitze in den Archiven. Aber da die Wissenschaft heute noch keine Erklärung für das Entstehen und die Existenz der Kugelblitze hat, werden sie von vielen immer noch als Halluzinationen abgetan.

Bei den beobachteten Phänomenen handelte es sich um grell leuchtende Kugel- oder birnenförmige Lichtmassen. Die verschiedenfarbigen Kugeln sind am Rande verwischt, sie schweben oder springen. Dabei scheinen sie sich planlos zu bewegen. Und die Durchschnittsgeschwindigkeit beträgt etwa zwei Meter pro Sekunde. Die Dauer ihrer Erscheinung schwankt zwischen einigen Sekunden bis zu ein paar Minuten. Kugelblitze tauchten auch manchmal in Flugzeugen auf.

Von Skeptikern wurde darüber gelächelt. Bis zum März 1963. Die Passagiere des Fluges 539 der Eastern Airlines von New York waren angeschnallt, da Turbulenzen vorhergesagt worden waren. Plötzlich wurden alle durch einen Blitzschlag aus dem Schlaf gerüttelt. Durch die Kabine des Flugzeuges schwebte in Kniehöhe eine glühende weiß-blaue Kugel mit einem Durchmesser von etwa 20 Zentimetern. Die Kugel bewegte sich langsam den Gang entlang und verschwand am anderen Ende.

Das Ereignis wäre wie alle ähnliche bisherigen Sichtungen von Kugelblitzen ad Acta gelegt worden, wäre da nicht ein hochgradiger Spezialist an Bord gewesen. Professor R. C. Jennisson, Leiter des elektronischen Labors der Universität von Kent in England. Er, der an dem Phänomen Kugelblitz forschte, stellte fest, dass das Objekt nur wenig Hitze ausströmte und nicht magnetisch war. Nachdem Jennisson seine Beobachtungen in der Wissenschaftszeitschrift „Nature" veröffentlicht hatte, gab es weit weniger Kugelblitz-Skeptiker.

Schon 1921 hatte Reverend John Henry Lehn zahlreiche Kugelblitzerscheinungen in seiner Gemeinde schriftlich festgehalten. Doch plötzlich traf es ihn selber. Während eines Gewittersturms schwebte ein Kugelblitz durch die Vorhänge des geöffneten Fensters, ohne auch nur die Spur einer Beschädigung zu hinterlassen. Er wanderte weiter ins Badezimmer, sprang in ein Waschbecken, wo er die Stahlkette des Gummipfropfens zerschmolz. Dann verschwand er im Abfluss. Sechs Wochen später wiederholte sich die gleiche Szene im selben Bad noch einmal. Die erneuerte Pfropfenkette wurde wieder zerschmolzen.

Kugelblitze scheinen häufig ihre eigenen, versponnenen Weg zu gehen. Der berühmte französische Astronom Camille Flammarion war im Gegensatz zu vielen seiner Kollegen von der Existenz und dem Eigenleben von Kugelblitzen überzeugt. Seine sorgfältig recherchierte und aufgeschriebene Sammlung dieser Phänomene berichtet von individuellem Verhalten der Kugelblitze. So schildert er unter anderem das Auftreten eines Kugelblitzes in der Normandie und weist auf den wie gesteuert erscheinenden Weg des Blitzes hin.

In einem Fall kam die „brennende Kugel", wie Flammarion den Blitz nennt, durch den Schornstein in ein Bauernhaus und durchquerte einen Raum, in dem sich eine Frau und drei Kinder aufhielten. Der Blitz fügte ihnen keinen Schaden zu. Dann rollte er in die Küche weiter, nur um Zentimeter an den Füßen des schlafenden Bauern vorbei, ohne ihn zu verletzen. Dann schwebte der Feuerball in den Stall weiter, wo er ein Sehwein berührte, das gleich tot umfiel.

Ein weiterer Fall aus den Aufzeichnungen des Astronomen: Ein Kugelblitz drang in eine Wohnung ein, wo er die Tür offensichtlich aufdrückte. Dann explodierte er im Wohnzimmer. Dabei wurde die Katze eines Mädchens getötet. Dem Kind passierte nichts. Bei den Untersuchungen von Kugelblitzen ist kein Fall bekannt, in dem ein Mensch zu Schaden gekommen wäre. Sie scheinen sogar menschenfreundlich zu sein - aber Tiere nicht zu mögen.

Ein Beispiel: Ein Kugelblitz tauchte an der Spitze eines Baumes auf, bewegte sich langsam von Ast zu Ast und rollte über den Bauernhof. Er wich Wasserpfützen aus und schwebte in den Stall. Dort berührte er einige Tiere, die sofort tot umfielen. Beim Verlassen des Stalles versetzte eines der beiden Bauernkinder, die an der Tür standen, der leuchtenden Kugel einen heftigen Tritt. Die Kugel zerplatzte. Dem Kind passierte nichts. Das Besondere an Kugelblitzen besteht darin, dass in der Physik nichts ähnliches zu finden ist. Sie sind auch im Labor nicht künstlich zu erzeugen. Ein Grund dafür, dass sie für etliche Wissenschaftler gar nicht existieren.

Doch das ist kein Trost für die Betroffenen. Am 6. März 1952 wurde Santa Clara County in Kalifornien von einem Gewittersturm heimgesucht, der einen ganzen Schwarm von Kugelblitzen mit sich führte. Die Feuerbälle hüpften auf Hochspannungskabel, rollten durch die Häuser in den Orten San Jose und Gilroy. Sie richteten große Verwirrung, aber keine Schäden an. So sprang ein Kugelblitz von einer Fahnenstange auf ein abgestelltes Fahrrad, das weggeschleudert wurde, hüpfte dann auf die Spitze eines Regenschirms, den der Postbote Walter Bager trug. Der Regenschirm wurde ihm aus der Hand gerissen. Sonst passierte dem Postboten nichts. Als ein ähnlicher Kugelblitzsturm 1964 Illinois in Panik versetzt hatte, akzeptierten sogar die Versicherungen den Vorschlag, die Angelegenheit als „Akt Gottes" zu akzeptieren. Soviel zum Stand der Wissenschaft.

Gibt es die „Feuerkinder"?

Stephen King schrieb den Thriller „Feuerkind", in dem die
junge Heldin mit der Kraft ihres Geistes Brände entzünden konnte. Ein solches Phänomen ist in der Parapsychologie noch nicht
aufgetaucht – aber hunderte, bei denen Menschen ohne Vorsatz
oder bewusste Kontrolle Brände entfachten. Nach der Meinung
der Wissenschaft können einige Menschen in seelischen Krisen
Fähigkeiten aktivieren und ihre Not in Autoaggressionen ausle-
ben.

Zum Beispiel der zwölfjährige Willie Brough aus Turlock
(US-Staat Kalifornien). Seine Eltern hatten ihn verstoßen, da er
angeblich vom Teufel besessen sei. Ein Farmerehepaar nahm ihn
auf, doch er musste hart arbeiten und vormittags zur Schule
gehen. Doch auch hier hatte er bald den Ruf, vom Satan besessen
zu sein. An Willies erstem Schultag brachen fünf Brände an dem
kleinen Schulgebäude aus. Die Flammen verbrannten die Decke,
den Inhalt des Lehrerpults, Teile der Tapete und den Inhalt einer
Kiste. Der Junge wurde von der Schule gewiesen. Es kam zu keinen weiteren Bränden mehr. Im Haus der Farmerfamilie, die
Willie zu sich genommen hatte, brannte es nie. Wahrscheinlich
fühlte sich der Junge hier wohl.

Gegensätzlich dazu verhielt sich die 14jährige Jennie, die die
Familie Dawson im Jahr 1891 aus dem Waisenhaus in Little Rock
(US-Staat Kansas) holte. Jennie diente den Dawsons als billige

Arbeitskraft und wurde schlecht behandelt. Das Kind bekam eine Hirnhautentzündung. Während der Genesung hatte sie Schwindelanfälle und eine dauernde Schläfrigkeit, die an eine Trance grenzte. In diesem Zusand rief sie häufig: „Seht doch!" und wies auf eine Stelle der Decke, die gleich darauf zu brennen begann.

Am nächsten Tag stand der Dachgiebel in Flammen, dann brachen an mehreren Stellen des Hauses Feuer aus. Manchmal stand nur eine Ecke des Zimmers in Flammen, und dennoch verglühte an einer weit entfernten Wand ein Bild.

Die Brandstellen waren wie bei ähnlichen Fällen außergewöhnlich: Handtücher, Tapeten, Vorhänge und Möbel. Ungewöhnlich war auch die Hitze der Flammen. Sie fraßen sich, örtlich begrenzt, sekundenschnell zentimetertief in die Wände.

Die an der anderen Seite liegenden Mauerstellen konnten wegen der großen Hitze nicht berührt werden. Außergewöhnlich war auch die Tatsache, dass die brennenden Gegenstände, die ins Freie gebracht wurden, nicht durch die plötzliche Sauerstoff zufuhr aufloderten, sondern ganz plötzlich erloschen. Das galt auch für die Katze der Dawsons, die in Brand geriet, nach draußen raste, wo das Feuer sofort erlosch. Insgesamt hat es bei den Dawsons mehr als 100mal gebrannt. Auf den Rat eines Pfarrers brachten die Dawsons Jennie wieder ins Waisenhaus. Die Brandserie brach sofort ab. Aber auch im Waisenhaus brannte es nie. Wahrscheinlich, weil sich Jennie dort wohlfühlte.

Bei einer Serie von rätselhaften Bränden im August 1948 tauchte sogar ein Untersuchungsstab der US-Luftwaffe auf, weil man „Todesstrahlen" für möglich hielt. Auf der Farm von Charles Willey südlich von Macomb (US-Staat Illinois) tauchten am 7. August die ersten Brandstellen auf den Papiertapeten in fünf Zimmern auf. Die Stellen waren fünf bis acht Zentimeter groß. Es schien, als ob eine unbekannte Hand ein Streichholz an die Tapete hielt; denn die Temperatur an diesen Stelen stieg bis zu 300 Grad Celsius, die Entzündungstemperatur von Papier. Jedenfalls flammten die Tapeten plötzlich und unvermittelt auf.

Ständig tauchten neue Flecken auf. Nachbarn eilten zur Hilfe. Überall standen Eimer mit Wasser herum, um die ständig an anderen Stellen auftauchenden Brandstellen löschen zu können.

Der Feuerwehrchef von Macomb ordnete an, die Tapeten herunterzureißen. Umsonst. Auf den blanken Holzwänden oder Latten tauchten die gleichen Brandstellen auf. Sie wurden heißer und heißer und flammten auf. Und das an den ausgefallensten Stellen im Haus. Während einer Woche brachen mehr als 200 Feuer aus. Trotz ständiger Bewachung durch die Feuerwehr vernichteten die Brände nach und nach das Bauernhaus. Die Familie zog in die Garage um. Doch die Feuer nahmen kein Ende. Erst tauchten die Feuermale an der ersten, später an der zweiten Scheune auf. Beide wurden ein Raub der Flammen. Nun zog die Familie Willey in ein benachbartes Farmhaus, das gerade leer stand.

Währenddessen hatte die US-Air Force ihre Gerätschaften aufgebaut, um nach eventuellen Todesstrahlen oder ferngesteuerten Flammenwerfern zu suchen. Sie wurden nicht fündig. Dafür der Psychologe Henry. J. Campender. Auslöser der Brandkatastrophe war die 13-jährige Tochter des Farmers, Vanet. Sie war todunglücklich, weil sich der Vater von ihrer geliebten Mutter scheiden ließ. Vanet wurde bei der Großmutter untergebracht. Damit war auch die Brandserie beendet.

Häufig kommt es jedoch auch zu rätselhaften Bränden, wo niemand als Auslöser gefunden wurde. So wütete im April 1941 auf der Farm von William Hackler in Odon (US-Bundesstaat Indiana) eine eigenartige Serie von Bränden. Das erste Feuer brach um acht Uhr morgens aus. Der Brand konnte in wenigen Minuten gelöscht werden. Doch kurz darauf brannte es erneut auf der Farm. Diesmal ein Papierstapel. Die Serie der Brände setzte sich fort: Zwischen acht Uhr morgens und elf Uhr abends kam s an diesem Tag zu insgesamt 48 Bränden in allen Teilen des Hauses. In keinem Fall wurde eine Brandursache festgestellt. Der offizielle Bericht der Feuerwehr für die Brandversicherung laute te: „Einige der Brände waren von einer Absonderlichkeit, die sogar leichtgläubige Personen nicht für möglich halten würden. Ein an der Wand hängender Kalender löste sich schlagartig in einer Rauchwolke auf. Ein Overall, der an der Tür hing, fing plötzlich an zu brennen. Eine Bettdecke verwandelte sich vor den Augen der Nachbarn, die beim Löschen halfen, in Asche. Ein Buch, das aus einer Lade genommen wurde, brannte inwendig, ohne dass man es bemerkte, da Umschlag und Deckel unbeschädigt blieben. Die ganze Angelegenheit ist für Brandsachverständige ein beunruhigendes Rätsel." Dieser Bericht liegt heute noch bei den Akten der Travellers-Versicherungsgesellschaft, die für die Schäden aufkommen musste.

Wenn sich die Himmelsschleusen öffnen...

Seit vielen Jahrhunderten wird ein Phänomen beobachtet, das in der ganzen Welt bekannt ist und für das noch niemand eine Erklärung fand: Die Schleusen des Himmels öffnen sich und lassen gewaltige Eisbrocken, Fische, Frösche, Vögel, Schlangen, Enten und andere Tiere regnen.

Schon die Griechen der Antike befassten sich mit diesem Phänomen. Die mehr als 2000 Jahre alte Schrift „Deipnosophistai" berichtet von einem Regen von Fischen, der drei Tage angehalten habe.

An anderer Stelle des Buches wird von einem Froschregen in Paeonia und Dardinia berichtet: „Die Zahl der Frösche war so gewaltig, dass die Häuser und die Straßen davon übersät waren. Die Einwohner versuchten die Frösche zu töten und die Türen vor den Eindringlingen zu schließen. Vergeblich." Und immer wieder wird in den alten Büchern von gewaltigen Eisklumpen berichtet, die völlig unvermittelt aus dem oft blauen Himmel fielen.

Diese Eisbrocken haben weder von ihren Bestandteilen, noch von der Größe etwas mit Hagelkörnern gemeinsam. In mehreren Klosterbibliotheken finden sich Berichte von einem gewaltigen Eisklumpen von 35 Kubikmetern Größe, der zur Zeit Karls des Großen vom Himmel gefallen ist. Ein gewaltiger Brocken war auch der Eisklumpen, der am 13. August 1849 in Ord im englischen Rosshire niederging. Die „Times" berichtete am folgenden Tag, dass er einen Umfang von sechs Metern und ein Gewicht von einer halben Tonne hatte.

1921 fielen in Portland (US-Staat) Oregon zentnerschwere Eisbrocken vom klaren Himmel und bedecken eine Fläche von 30 Quadratmetern. Am 10. Januar 1951 wurde in Düsseldorf ein Zimmermann von einem 15 Zentimeter dicken und fast zwei Meter langen Eisspeer auf dem Dach getroffen und getötet. Allein in diesem Jahrhundert sind mehr als 100 Beispiele von Eisbombardements verbürgt. Einige Forscher erklären schlicht, es handele sich um Rückstände aus dem Waschwasser von Flugzeugen. Aber weder in der Antike von zur Zeit Karls des Großen gab es Flugzeuge. Es wurde auch eine Theorie verbreitet, die Eisbrocken stammten aus einer riesigen Eisplatte in den höheren Schichten der Atmosphäre. Aber es gibt solche Eisplatten nicht.

Einem der bekanntesten Forscher der rätselhaften Eisbrocken, dem Physiker Dr. R. S. Griffith, half am 2. April 1973 in Manchester ein Zufall, an einen der begehrten Brocken zu kommen. Auf dem Nachhausewege sah er einen Blitz, obwohl klarer Himmel war. Neun Minuten später donnerte drei Meter von ihm entfernt ein Eisbrocken auf das Pflaster. Den Brocken, mit drei Pfund nicht besonders groß, legte er zu Hause in das Tiefkühlfach und untersuchte ihn sorgfältig. Ein Flugzeug hatte in der Zeit, als der Brocken vom Himmel fiel, Manchester nicht überflogen. Aber auch über die Herkunft des Eises konnte Dr. Griffith nichts sagen. Das Eis glich weder Hagel noch am Boden gefrorenen Wasser. Es hatte eine Zusammensetzung, die der Wissenschaftler noch nie gesehen hatte. Aber mehr konnte Dr. Griffith auch nicht sagen. Und so bleiben die Eisbomben so unerklärlich, wie die geheimnisvollen Regen von Fischen oder Fröschen.

Über diese geheimnisvollen Regen sind seit Jahrhunderten viele Bücher veröffentlicht worden. So über den Regen von Tonnen von Uferschnecken und Einsiedlerkrebsen, der am 28. Mai 1881 auf die Comer Gardens Road der englischen Stadt Worcester niederging. Die beiden Tierarten gibt es in der Gegend überhaupt nicht. In Alabama regneten so viele Aale vom Himmel, dass die Farmer ihre Felder damit düngten. In Paderborn regneten am 9. August 1892 Muscheln von Himmel, und am 28. Dezember fielen in Montreal in Kanada tonnenweise lebendige Eidechsen auf erstaunte Passanten.

Am 26. Januar 1911 regneten bei Colombo auf Sri Lanka Tausende von Schlangen nieder. Das seltsame: Die Insel, das frühere Ceylon ist für ihren Schlangenreichtum bekannt. Doch diese Schlangenart, die vom Himmel fiel, gibt es dort nicht. Nach offizieller Meinung hat ein Wirbelwind die Tiere irgendwo hochgewirbelt und an anderer Stelle wieder fallen lassen. Aber warum sind es dann fast immer Tiere einer Art, die vom Himmel fallen? Warum findet man nie Pflanzen oder andere Rückstände von

Teichen oder Sümpfen? Immer nur Tiere. Tot oder lebendig. Die Frage ist ungeklärt. Es ließ sich bisher nie feststellen, woher der tierische Regen letztendlich stammte. Bei Sangerfield (US-Staat New York) fielen zentnerweise Würmer auf eine zehn Zentimeter hohe Schneedecke. In anderen Fällen waren es Tausende von Stichlingen, Sprotten oder Muscheln.

1896 regnete eine „bunte Mischung" vom Himmel. Auf die Straßen von Baton Rouge (US-Staat Louisiana) fielen Spechte, Wildenten, Drosseln, Meisen und Vögel, die unbekannt waren, aber Ähnlichkeit mit Kanarienvögeln hatten. Doch in diesem Fall waren alle Vögel schon tot, bevor sie auf den Boden aufschlugen.

Das gleiche Schicksal hatten im Januar 1969 hunderte von Enten, die über St. Mary's City (US-Staat Maryland) vom Himmel fielen. Experten ermittelten, dass sie schon während des Fluges vielfache Rippenbrüche und innere Blutungen erlitten hatten. Erklärungen für dieses Ereignis gab es wie immer viele. Aber keine hielt einer Überprüfung stand.

Wenn es Steine regnet...

Wie bei vielen ungeklärten Phänomenen reichen Aufzeichnungen über geheimnisvolles Regnen von Steinen bis ins Altertum zurück. Sie sind sogar auf Vasen und Steinreliefs dokumentiert. Und in zahlreichen Berichten wird von einem ausgedehnten Steinregen erzählt, der auf dem Berg Albanus niederging, als Tullus die Sabiner besiegte und die Steine vom Himmel ihm dabei sehr halfen.

Aber nicht nur die Sabiner hatten unter grundlos vom Himmel fallenden Steinen zu leiden. Zwei friedliche Angler, beispielsweise, machten üble Erfahrungen mit dem Phänomen. Sie saßen am 27. Oktober 1986 bei Skaneatles (US-Staat New York) und hielten ihre Ruten ins Wasser.

Plötzlich fielen grundlos Steine ins Wasser und auch auf sie selber. In Minutenabständen wiederholten sich die Steinregen aus blauem Himmel. Wütend suchten die Angler die Gegend ab, fanden aber niemanden. Als dann wieder ein Steinschauer niederging, packten sie zornig ihre Siebensachen, um dem unwirtlichen Ort zu entfliehen.

Doch der Steinregen folgte ihnen bis zum Auto, fiel auf sie, als sie die Anglerkleidung gegen Anzüge tauschten, donnerte aufs Dach des Autos, als die Angler nun doch verängstigt das Weite suchten. Erst Kilometer von dem See entfernt hörte der

Steinhagel auf. Wissenschaftler der Universität von Syracuse stellten fest, dass die Steine aus der Gegend des Sees kamen. Warum sie aber vom Himmel fielen und ausgerechnet auf zwei friedliche Angler konnten auch sie nicht erklären.

Wissenschaftler haben Listen angelegt, in denen mehr als 20000 Steinregen als beglaubigt und erwiesen registriert wurden. Unter anderem ein Beispiel vom 7. November 1492, als Steine wieder in eine Schlacht eingriffen. Bei Ensisheim krachte vor dem Heer Maximilians I. ein gewaltiger Stein herunter. Das Heer geriet dadurch in völlige Unordnung und verlor die Schlacht. Am 13. September 1768 schlug ein Brocken von mehreren Zentnern in der französischen Ortschaft Luce ein.

In der „Times" vom 1. Mai 1821 ist zu lesen: „Auf ein Haus in Truco, Cornwall, geht weiterhin Steinregen nieder. Tagelange Bewachung und Überprüfung durch das örtliche Militär führten zu keiner Erklärung."

Restlos unerklärlich ist ein von mehreren Zeugen beeideter Vorfall, der sich am 5. März 1888 im indischen Madras ereignete. Dort regnete es in den Räumen einer Schule Ziegelsteine. Dieses Phänomen hielt in Gegenwart von 30 Fachleuten aller Art und der hohen Geistlichkeit fünf Tage an. Die Steine formten sich wie von Geisterhand, niemand konnte sehen wie sie entstanden. Sie fielen einfach herunter. Ein Geistlicher schlug vor, einen Ziegel mit einem weißen Kreuz zu bemalen und ihn in die Mitte eines der Klassenzimmer zu legen. Doch zur großen Verwunderung fiel ein identischer Stein mit einem schwarzen Kreuz aus der Luft und legte sich exakt über den Stein mit dem weißen Kreuz. Wissenschaft und Geistlichkeit sind bis heute ratlos.

Für immer verschwunden

Zu allen Zeiten sind auf unserer kleinen und überschaubaren Welt Menschen, Flugzeuge, Schiffe, ganze Dörfer spurlos verschwunden. Wo sind sie geblieben? Was passiert im berüchtigten Bermuda-Dreieck, im asiatischen Teufelsdreieck, wo blieben Geisterschiffe, Soldaten, die im Nirgendwo verschwanden? Niemand fand eine Spur von ihnen. Diese Fälle werden wohl nie aufgeklärt

Die verschwundenen Soldaten

Vor allem Soldaten verschwanden auf geheimnisvolle Art. Sie desertierten nicht, sie liefen nicht davon. Sie verschwanden einfach. Alle diese geheimnisvollen Vorgänge sind in offiziellen Berichten und Niederschriften dokumentiert.

Der erste bekannte Bericht des Verschwindens einer ganzen Einheit stammt aus dem Jahr 118 nach Christus. In diesem Jahr erhob sich das Königreich von Brigantia unter seinem Herrscher Arviragus gegen die römische Besatzung. Die römische Heeresleitung entsandte die Neunte Legion, eine kampferprobte Truppe, die speziell für die Niederschlagung von Aufständen ausgebildet war. Doch die Legion kam nie im Gebiet der Aufständischen an. Sie kam aber auch nie zurück. 6.000 Soldaten und ihr Tross – niemals wurde eine Spur von ihnen gefunden. Die Aufständischen waren nicht für das Verschwinden verantwortlichen. Sie hatten die „Neunte" nie gesehen. Es wurde kein Helm, keine Speerspitze, kein Schwert – es wurde nichts gefunden. Die Römer unternahmen intensive, aber vergebliche Anstrengungen das Rätsel zu lösen. Römische Aufzeichnungen aus der Zeit Marc Aurels verzeichnen die Legio IX Hispania nicht mehr. An ihre Stelle trat die Legio Vixtrix. Auch die Archäologen späterer Generationen brachten keine Erkenntnisse. Die Legion schien sich in Luft aufgelöst zu haben.

Ähnlich ging es einer Gruppe von Soldaten bei der Schlacht von Gallipoli im Jahr 1915. Neben Tausenden, die in der Schlacht ihr Leben verloren, verschwanden 266 Soldaten auf äußerst geheimnisvolle Art. Der kommandierende General Sir Ian Hamilton schrieb darüber einen ausführlichen Bericht an den britischen Kriegsminister Earl Kitchener. Tatsache war: Oberstleutnant Beauchamp war mit einem Teil seines Bataillons, das zum Norfolk-Regiment gehörte, in einer Wolke verschwunden. Aus der tauchten die Männer, 16 Offiziere und 250 Soldaten, nie wieder auf.

In einer gemeinsamen Erklärung beschrieben die Pioniere der Abteilung 3 der Feldkompanie Nr. 1 des Neuseeländischen Expeditionskorps diesen Vorfall bei Hügel 60, Suvla Bay. Die Soldaten hatten den Vorgang genau beobachten können und beeideten ihre Beschreibung: „Der Tag war klar. Es waren sechs bis acht Wolken in Sicht, die alle die gleiche Form, etwa wie ein Laib Brot, hatten. Trotz einer steifen Brise veränderten die Wolken weder ihre Form, noch trieben sie davon. Direkt unter dieser Wolkengruppe befand sich eine bis auf die Erde reichende, gleichfalls unbewegliche Wolke, die ebenso wie die anderen geformt war. Sie war völlig undurchsichtig und wirkte so kompakt wie ein fester Körper. Dann sahen wir, wie ein britisches Regiment, die Norfolks, zum Hügel 60 heraufmarschierte, offensichtlich, um die Kampftruppen auf dem Hügel zu verstärken. Sie marschierten, ohne zu zögern, geradewegs in die Wolke hinein. Aber keiner von ihnen kam wieder heraus. Als der letzte Soldat der hintersten Reihe in der Wolke verschwunden war, hob die Wolke vom Boden ab, stieg langsam auf, bis sie die anderen, ähnlich aussehenden Wolken erreicht hatte. Als die einzelne, vom Boden kommende Wolke sie erreicht hatte, glitten sie alle in nördlicher Richtung auf Thrazien (Bulgarien) davon. Nach einer knappen Stunde waren sie aus unserer Sicht verschwunden.

Dies alles wurde auch noch von den 22 Männern der Abteilung 3 der Feldkompanie Nr. 1 des Neuseeländischen Expeditionskorps aus den Schützengräben auf der Rhododendron-Befestigungsanlage etwa 2,5 Kilometer südwestlich Hügel 60 beobachtet...“

Trotz aller Nachforschungen der militärischen Geheimdienste wurde das Schicksal der „Norfolks“ nie geklärt. Nach der Kapitulation der Türken 1919 forderten die Engländer die sofortige Freilassung der „Norfolks“. Doch die osmanische Regierung konnte die Forderung nicht erfüllen. Man wusste nichts von den ver-

schwundenen „Norfolks". Man war mit den Soldaten nie in Be-
rührung gekommen. Bis heute fand man keine Spur von ihnen.

Die Geschichte kennt noch eine ganze Reihe von verschwun-
denen Soldatengruppen. So brachen während des spanischen
Erbfolgekrieges 4.000 gut ausgebildete Soldaten nach einem
Nachtlager in den Pyrenäen mit voller Ausrüstung auf. Sie verschwanden hinter einer Hügelkette. Und niemand hat sie und
ihre Ausrüstung je wieder gesehen. 1958 waren 650 Mann der
französischen Kolonialtruppen in Indochina auf einem nur 20
Kilometer langen Marsch nach Saigon. Sie marschierten über
offenes, einsichtiges Gelände. Trotzdem verschwanden sie mit
ihrer gesamten Bewaffnung, allen Transportfahrzeugen und
Lasttieren ohne jede Spur zu hinterlassen.

Geheimnisvolle Wolken

Immer wieder spielen bei dem Verschwinden von Menschen geheimnisvolle Wolken eine Rolle. Im März 1952 befand sich der amerikanische Geschwaderchef J. Baldwin mit seiner Jagdstaffel auf einem Erkundungsflug entlang der koreanischen Grenze. Vor den Augen seiner Kameraden flog er in eine dunkelgraue Wolke. Er blieb darin. Niemand sah ihn wieder.

Der Zeppelin L-8 stieg am 18. August 1942 in der San Francisco Bay auf. Leutnant D. Cody und Kadett zur See Charles E. Adams sollten mit ihrem Luftschiff nach feindlichen U-Booten vor der Küste suchen. Die Besatzungen von Patrouillenbooten und mehrerer Kutter sahen, dass der Zeppelin plötzlich an Höhe verlor und wieder nach oben gerissen wurde. Der Funkkontakt mit dem Luftschiff riss in dem Moment ab. Dann tauchte der Zeppelin in eine graue Wolke ein, die allein am blauen Himmel hing.

Als die Wolke weiterwanderte, war auch der Zeppelin verschwunden. Zwei Stunden später wurde der Zeppelin L-8 völlig unbeschädigt am Strand gefunden. Die Fallschirme der Besatzungsmitglieder waren an Bord.

Das Funkgerät arbeitete einwandfrei, die Zündung war eingestellt, ein Gashebel ganz, ein zweiter halb offen. Nichts an Bord war defekt. Nur die beiden Soldaten fehlten. Sie wurden nie wieder gefunden.

Der Kaufmann Frederick Dierks verabschiedete am 10. Juli 1930 fünf Geschäftsfreunde auf dem Flughafen der texanischen Stadt. Die Kaufleute wollten in ihre Heimatstadt Kansas zurückfliegen. Die Maschine startete planmäßig und flog in den strahlend blauen texanischen Himmel. Nur ein kleines Wölkchen hing wie ein Fremdkörper am Himmel. Und gerade da hinein steuerte die Maschine. Das Flugzeug explodierte in dem Moment, wo es in die Wolke hineinflog. Die Trümmer regneten fünf Meilen von der Unglücksstele entfernt zur Erde. Trotz sorgfältiger Untersuchungen wurde eine Ursache des Unglücks nie ermittelt.

...plötzlich waren sie wieder da

Hie und da tauchen auch „spurlos" verschwundene Menschen wieder auf. Sie haben dann keine Erinnerung an das, was sie erlebt haben. Ein besonders mysteriöser Fall spielte sich am 25. April 1977 ab. Vor den Augen von sieben Soldaten löste sich der chilenische Korporal Armando Valdes buchstäblich in Luft auf. Ein Sonderkommando begann eine systematische Suche. Dann war Korporal Valdes plötzlich wieder da. Nach 15 Minuten. Der zuvor glatt rasierte Soldat hatte einen Mehrtagebart. Der Kalender seiner Armbanduhr zeigte an, dass für ihn fünf Tage verstrichen sein mussten. Der Soldat hatte keine Ahnung, was passiert war. Er wusste nicht einmal, dass er fort war. Die Tatsachen sind vom chilenischen Militär überprüft worden. Eine Erklärung wurde nicht gefunden.

Auch der spanische Soldat Juan Ortega verschwand in der Nacht zum 24. Oktober 1653 zunächst spurlos. Er hatte Wache in Manila geschoben. Manila war die Hauptstadt der damals spanischen Philippinen. Doch er tauchte noch in der selben Nacht 9000 Meilen entfernt im damals ebenfalls spanischen Mexiko wieder auf.

Den offiziellen Aufzeichnungen der spanischen Armee zufolge sollte er eigentlich sofort zum Tode verurteilt werden, weil man glaubte, er lüge das Blaue vom Himmel herunter. Zu seiner Verteidigung hatte er gesagt, der spanische Gouverneur der

Philippinen sei ein Tag zuvor gestorben. Dies war wirklich der Fall und Ortega wollte damit beweisen, dass er tatsächlich auf ungeklärte Weise innerhalb einer Nacht versetzt worden war.

Doch das Gericht zeigte Milde und wartete auf seine Bitte hin so lange, bis die Nachricht vom Tode eingetroffen und seine Unschuld damit bewiesen sei. Drei Monate später erreichte die Nachricht tatsächlich Mexiko. Das Militärgericht sprach Ortega frei. Das nutzte ihm aber wenig. Er wurde von der Inquisition verhaftet, wegen Zauberei zum Tode verurteilt und hingerichtet.

In Luft aufgelöst

Auf der Erde verschwinden viele Menschen auf geheimnisvolle Art und Weise. Aber sie tun es auch in der Luft – auf noch geheimnisvollere Weise. Der Multimillionär Alfred Loewenstein flog am 4. Juli 1928 vom britischen Flughafen Croydon mit einer dreimotorigen Fokker VII nach Brüssel. Über dem Ärmelkanal ging er zur Toilette. Er kam nie wieder heraus. Sein Diener schaute nach einiger Zeit nach ihm und fand die Kabinentür verschlossen, die Toilette leer. Eine Untersuchungskommission kam zu dem seltsamen Schluss, der Millionär habe die Toilettentür mit der Kabinentür verwechselt. Eine absurde Vorstellung. Es hätte im Flug die Anstrengung mehrerer Männer gebraucht, um die Tür auch nur ein kleines Stück zu öffnen. Der Millionär verschwand spurlos auf dem Lokus und niemand hat wieder eine Spur von ihm gesehen.

Ebenso wenig wie das Verschwinden Loewensteins wurde das Schicksal von Jerrold I. Potter aus Kanakee (US-Staat Illinois) geklärt. 1968 flog er gemeinsam mit seiner Frau zu einem Treffen des Lions Clubs in Texas. Mr. Potter flog in einer normalen Linienmaschine, mit der auch andere Lions-Mitglieder zu dem Treffen reisten.

Kurz vor der Landung wollte Mr. Potter zur Toilette, wechselte auf dem Weg dorthin noch ein paar Worte mit James Shaive, dem Präsidenten des Lions Clubs von Ottawa und verriegelte die

Toilettentür hinter sich. Minuten später erschütterten Turbulenzen die Maschine. Und als man kurz vor der Landung Potter auf seinen Sitz zurückbitten wollte, war die Toilette leer. Der 55jährige Mann war spurlos verschwunden. Es wurde nie geklärt, wie und wohin Potter verschwand.

Das Geheimnis der ausgestorbenen Dörfer

Es ist sicher außergewöhnlich, wenn sich einzelne Menschen offensichtlich in Luft auflösen. Aber wie kann es passieren, dass die Bewohner ganzer Dörfer spurlos verschwinden? Seit Jahrhunderten sind zahlreiche Fälle bekannt geworden. Luftaufnahmen aus der ganzen Welt zeigen hunderte von Dörfern, in denen sich die Bevölkerung in Luft aufgelöst zu haben scheint.

Eines der geheimnisvollsten Beispiele vom Verschwinden eines ganzen Dorfes ist in Kanada mit allen wissenschaftlichen und militärischen Anstrengungen nie geklärt worden. Der Trapper Joe Labelle trieb mit den Einwohnern eines Eskimodorfes am Angikuni-See, 700 Kilometer nordwestlich der nächsten Polizeistation Churchill in Kanada gelegen, regen Handel. Er besuchte das Dorf regelmäßig im Jahr, um den Eskimos Felle abzukaufen. Er betrachtete die Dorfbewohner als seine Freunde.

Doch als er im Jahr 1930 das Dorf wieder einmal besuchte, fand er ein Geisterdorf vor. Kein Mensch war zu sehen, kein Hund bellte. Die frischen Häute, die zum Trocknen aufgehängt waren, flatterten im Wind. Die Töpfe mit den Mahlzeiten hingen noch über den erloschenen Feuern. In einem Kleidungsstück, das eine Frau wohl flicken wollte, steckte noch die Nadel mit Faden. Die Gewehre, das wichtigste Gut für Eskimos standen geladen in den Ecken. Kein Eskimo trennt sich freiwillig von seiner Waffe, die für ihn auch bei der Jagd Lebensgrundlage ist. Und kein

Eskimo lässt seine Hunde im Stich. Aber die Hunde waren angeleint verhungert. Die Kajaks lagen verlassen im Wasser. Labelle rief. Niemand antwortete. Der Trapper suchte die Umgebung ab. Er fand keine Spuren, kein Lebenszeichen. Es sah so aus, als wären die 45 Bewohner des Dorfes vor ihre Hütten getreten, um für immer spurlos zu verschwinden.

Labelle machte sich auf den weiten Weg nach Churchill und berichtete der dort stationierten Einheit der berühmten königlich-kanadischen berittenen Polizei von dem verlassenen Dorf. Die „Mounties" ritten sofort nach Norden, um dem Geheimnis auf den Grund zu gehen.

Es war ihnen klar, dass das Verschwinden nicht mit rechten Dingen zugegangen sein konnte. Kein Eskimo würde sein Dorf verlassen, ohne sein Gewehr, seine Hunde, sein Kajak mitzunehmen. Die kanadische berittene Polizei steht in dem Ruf, nie aufzugeben. Also suchte sie wochenlang ein riesiges Gebiet rund um das Dorf ab. Sie hatten hervorragende Spurensucher zur Verfügung. Aber auch sie fanden bis zum heutigen Tag nicht den kleinsten Hinweis. Die Eskimos blieben für immer verschwunden.

Im Jahr 1585 gründete der britische Seefahrer und Kolonisator Walter Raleigh auf der Roanoke-Insel, die heute zum US-Staat North Carolina gehört, eine Siedlung. Nachdem eine richtig kleine Ortschaft entstanden war, mit festen Häusern und sogar einer

Kirche, fuhr Raleigh noch einmal nach England, wo er weitere Siedler und neue Werkzeuge holen wollte. Als er nach einem halben Jahr in seine Siedlung zurückkehrte, fand er nur ein leeres Dorf. Die Blockhäuser sahen zwar so aus, als ob ihre Bewohner jeden Moment zurückkämen, aber es war keine Menschenseele zu sehen. Auch hier standen die geladenen Gewehre noch in den Ecken der Häuser. Auf den Tischen standen Teller mit Essen. Unberührt. Die Äxte lagen unter den Bäumen, die gefällt werden wollten. Aber es herrschte Totenstille. Keiner der knapp 100 Frauen, Kinder und Männer der neuen Siedlung wurde jemals wieder gesehen. Es gab auch keine Spur von ihnen – trotz intensiver Suche bis in die heutige Zeit.

Das rätselhafte Bermuda-Dreieck

Es ist eines der geheimnisvollsten Gebiete der Weltmeere: das Bermuda-Dreieck. Es liegt zwischen Florida, den Bermudas und Puerto Rico und hat die Form eines ungleichseitigen Dreiecks.

Seit Jahrhunderten verschwinden dort Schiffe und Flugzeuge spurlos. Mannschaften lassen ihre Schiffe allein und tauchen nie mehr auf. Es hat immer wieder Erklärungsversuche gegeben. Aber keiner konnte bisher überzeugen.

Bereits Kolumbus hielt in seinen Aufzeichnungen rätselhafte Ereignisse fest. Auf seiner Fahrt zur Neuen Welt durchquerte er auch die Saragossa-See, die zum Dreieck gehört. Nach dem Bordbuch des Kolumbus spielte plötzlich die Kompassnadel verrückt. Sie zeigte nicht mehr zum Nordpol, sie kreiste in alle Richtungen. Doch noch beunruhigender war für den Großadmiral ein geheimnisvolles Leuchten, das er am Horizont bemerkte. Bis heute ist der Grund dieses Leuchtens, das auch heute noch beobachtet wird, nicht geklärt. Es kommt in rascher Folge, „als ob eine Kerze gehoben und wieder gesenkt wird", wie Kolumbus in seinen Aufzeichnungen beschrieb.

Geheimnisse wie dieses sind typisch für das Bermuda-Dreieck, das trotz der Versuche, das Verschwinden Hunderter Schiffe und Flugzeuge rational zu erklären, immer noch Geheimnisse bereit hält.

Eines der vielen ungeklärten Rätsel um das Dreieck ist der Fall des Fluges 19, des „verlorenen Geschwaders". Am 5. Dezember 1945 starteten 14 amerikanische Marineoffiziere in fünf einmotorigen Avenger-Torpedobombern von Fort Lauderdale (US-Staat Florida) zu einem Trainingsflug. Ihr Auftrag: nach Osten fliegen, bei der Bahamas-Insel Bimini Übungsangriffe fliegen und zum Stützpunkt zurückkehren. Auf dem Rückflug meldete Geschwaderführer Commander Charles Taylor, die Flugzeuge seien vom Kurs abgekommen und die Kompassnadeln spielten verrückt.

Zwei Stunden lang hörte die Flugkontrolle in Fort Lauderdale noch Funkgespräche zwischen den Flugzeugen. Einige der Crew-Mitglieder glaubten, sie flögen über Mexiko, andere wähnten sich über Florida. Der letzte Spruch, der in Lauderdale aufgefangen wurde, lautete: „Wir kommen in weißes Wasser. Wir haben uns völlig verirrt." Dann herrschte Funkstille. Sofort wurde ein mit 13 Soldaten besetztes Suchflugzeug vom Stützpunkt losgeschickt. Es verschwand ebenfalls spurlos. Die Suche nach den Maschinen von Flug 19 blieb ergebnislos. Sie waren vom Erdboden verschwunden.

Im Mai 1991 behaupteten Tiefseetaucher, die Bomber in 230 Metern Tiefe vor der Küste Kaliforniens entdeckt zu haben. Eine Überprüfung durch die Luftwaffe ergab allerdings, dass es sich bei den Wracks um Teile von Flugzeugen handelte, die schon früher verschwunden waren. Vom Flug 19 gibt es bis heute nicht die geringste Spur.

So wie bei anderen Flugzeugen und Schiffen. Ein Auszug aus der langen Liste der Vermissten:

1947: Eine FC-4r5 Superfort der US-Army verschwindet 100 Kilometer vor den Bermudas.

1948: Eine DC-3 mit 31 Menschen an Bord wird vermisst und nie gefunden.

1949: Eine Tudor IV verschwindet.

1950: Eine riesige Globemaster der Luftwaffe kommt mit ihrer Besatzung nie am Ziel an.

1950: Der US-Frachter „SS Sandra", 110 Meter lang, verschwindet mit der Mannschaft spurlos.

1952: Das britische Transportflugzeug York wird mit 33 Menschen an Bord vermisst.

1954: Eine Lockheed Constellation der US-Marine mit 42 Menschen an Bord verschwindet spurlos.

1956: Ein Wasserflugzeug vom Typ P5M der US-Marine taucht mit der zehnköpfigen Besatzung nie wieder auf.

1962: Ein Tankflugzeug der US-Marine wird für immer vermisst.

1963: Die „Marine Sulphur Queen", ein 140 Meter langer Frachter, verschwindet mit der gesamten Besatzung. Zwei riesige Lufttanker der US-Marine kommen nie an ihrem Ziel an. Außerdem verschwindet eine C-132 Cargomaster.

1967: Ein Transportflugzeug YC-122 kommt nie am Ziel an.

1970: Der französische Frachter „Milton Iatres" verschwindet.

1973: Der deutsche Frachter „Anita", 20.000 Tonnen Verdrängung, verschwindet ebenfalls mit 32 Mann Besatzung ohne eine Spur zu hinterlassen.

Bis zum heutigen Tag verschwinden immer wieder kleinere Flugzeuge oder Schiffe, deren Schicksal in europäischen Zeitungen keine Beachtung finden. Die größte Beachtung eines Verschwindens fand schon 1918 das amerikanische Schiff „Cyclops". Auf der Fahrt von Barbados nach Norfolk muss sie sich mit 309 Menschen an Bord in Luft aufgelöst haben. Sie hatte keinen Notruf abgesetzt und es herrschte gutes Wetter. Weder das Wrack noch die Menschen an Bord wurden je gefunden. Die amerikanische Küstenwache versuchte die Vorfälle mit plötzlich auftretenden Stürmen zu erklären. Tatsächlich wurden auf dem Flugplatz von Fort Lauderdale bei einem kurzen Unwetter mehrere Flugzeuge am Boden beschädigt, obwohl man in der Stadt keinen Hauch spürte. Aber die Frage, wo sich die Schiffstrümmer und die Menschen, die sich doch wahrscheinlich in Rettungsboote flüchten konnten, geblieben sind, bleibt offen. Die DC-3, die 1948 spurlos verschwand, hatte gefunkt: „Wir nähern uns der Landebahn – nur noch 50 Meilen südlich – wir können jetzt die Lichter von Miami sehen. Alles in Ordnung. Halte mich für Landeanweisungen bereit."

Als Miami Airport antwortete, kam keine Reaktion mehr. Die DC-3 war über einem Gebiet verschwunden, wo das Wasser nur sechs Meter tief ist. Suchboote fanden dennoch weder Wrackteile noch Überlebende.

Einige Autoren von Büchern über das Bermuda-Dreieck stellten die Theorie auf, man trete dort in eine andere Dimension ein, in der die Zeit schneller oder langsamer laufe. Dass diese Theorie nicht ganz absurd ist, scheint das Beispiel des Piloten Bruce Gernon zu belegen. Als er 1970 Miami ansteuerte, durchflog er eine Wolke. In Miami stellte er fest, dass sein Flug eine halbe Stunde kürzer gewesen war, als eigentlich hätte sein dürfen. Und Crew und Passagieren einer Maschine der „Eastern Airlines" passierte ähnliches. Die Maschine verschwand für zehn Minuten vom Radar des Flughafens Miami.

Dort wurde das volle Notprogramm eingeleitet. Doch dann tauchte die Maschine wieder auf und landete sicher. Niemand an Bord hatte etwas außergewöhnliches bemerkt. Allerdings war das Erstaunen groß, als festgestellt wurde, dass alle Uhren an Bord zehn Minuten nachgingen.

Neben der Theorie der Zeitverzerrung bestehen Dutzende von weiteren Erklärungsversuchen. Die Palette reicht von Meeresstrudeln und unterirdischen Vulkanen über negative Gravitation bis zu Schwarzen Löchern. Dennoch haben solche und andere Theorien das Verschwinden von Hunderten von Schiffen und Flugzeugen und Tausenden von Menschen nie glaubhaft erklären können. Das Rätsel bleibt ungelöst.

Genauso wie das Geheimnis des „Teufelsmeers", dem asiatischen Gegenstück des Bermudadreiecks. Es liegt im Pazifik südlich von Japan und östlich der Bonin-Inseln. Hier verschwanden so viele Schiffe, dass die japanische Regierung diesen Teil des Pazifiks offiziell zur Gefahrenzone erklärt hat. 1955 verschwanden im „Teufelsmeer" in kurzer Zeit neun Schiffe spurlos.

Das japanische Spezialschiff „Kaiyo Maru" sollte den Grund des Verschwindens herausfinden. Zehn Tage lang hatte man das mit allen wissenschaftlichen Geräten an Bord bestückte Schiff im Radar. Dann war auch das Suchschiff verschwunden.

Japanische Forscher weisen darauf hin, dass das Teufelsmeer schon immer eine gefährliche Eigenart hatte: Wegen erdmagnetischer Anomalien sind Kompasse so gut wie nutzlos, weil sie nie nach Norden zeigen, wie sie es tun sollten. Aber diese Tatsache ist seit Jahrhunderten jedem Seemann bekannt, der dieses Meer befährt. Also wussten es auch die Kapitäne der verlorenen Schiffe und erst recht der Kapitän des wissenschaftlichen Suchschiffes.

In den letzten Jahren verschwanden zwölf weitere Schiffe auf geheimnisvolle Art. Ohne einen Notruf abzusetzen und ohne Spuren zu hinterlassen. Die japanische Regierung verzichtete darauf, ein weiteres Suchschiff in das „Teufelsmeer"zu schicken. Man setzte eine Roboterboje aus, die Wind, Wetter und Strömung messen und eventuelle weitere Gründe für das Verschwinden der Schiffe herausfinden soll. Die Boje funktioniert, die Daten werden sorgfältig verarbeitet. Aber bisher fand auch der Roboter nichts heraus, das das Rätsel des „Teufelsmeeres" lösen könnte.

Doch auch außerhalb der mysteriösen Todesmeere verschwanden immer wieder Schiffe und Mannschaften auf geheimnisvolle Weise. Ein großes Rätsel bleibt das Lotsenschiff „.C. Cousins", das eine französische Barke durch gefährliche Untiefen von Astoria in Oregon leiten sollte.

Zahlreiche Menschen sahen die „Cousins" auslaufen. Bei Fort Stevens hielt sie an, da sie die Flut abwarten musste, um auf die hohe See zu kommen, bevor sie die französische Barke geleiteten konnte. Wieder sahen Dutzende Augenzeugen, wie die „Cousins" um 17 Uhr endlich den Anker lichtete, um aufs hohe Meer zu segeln. Doch zum Entsetzen der Zuschauer fuhr sie geradewegs auf die Küste zu. Sie blieb auf der Sandbank von Clatso Spit bewegungslos liegen. Am Schiff rührte sich nichts. Kein Mensch ging von Bord, um, wie es zu erwarten wäre, die Schäden zu begutachten. Kein Rettungsboot wurde ausgesetzt.

Hunderte Augenzeugen, die das Unglück beobachtet hatten, sahen schließlich, wie die Rettungsmannschaft der Küstenwache an Bord kletterte. Sie fand jedoch keine Menschenseele vor. In der Kombüse standen noch Kartoffeln auf der Herdplatte, im Aschenbecher des Kommandostandes qualmte noch eine angerauchte Zigarre. Niemand der vielen mit Feldstechern bewaffneten Augenzeugen hatte gesehen, dass während des Auslaufens oder des Wartens auf die Flut jemand das Schiff verlassen hatte. Weder der Kapitän des Schiffes, H. A. Zeiber noch eines seiner Mannschaftsmitglieder wurde jemals wieder gesehen.

Das Schicksal eines weiteren Geisterschiffes", die „Mary Celeste", bleibt ebenso im Unklaren. Das zweimastige Schiff wurde im Dezember 1872 von der Besatzung der Brigg „Dei Gratia" im Atlantik aufgebracht. An Bord des Schiffes, das unter vollen Segeln stand, war kein Mensch. Als das Schiff am 4. November von New York nach Europa ausgelaufen war, hatte es den Eigentümer, den Kapitän mit Frau und Tochter, einen Ersten Offizier und sieben Matrosen an Bord gehabt. Die letzte Eintragung im Logbuch war vom 25. November, als das Schiff die Azoren passiert hatte.

Als die Offiziere der „Die Gratia" an Bord gingen, fanden sie eine gespenstische Szenerie vor. Auf der Nähmaschine der Kapitänsfrau lag noch das Hemd des Mannes, das sie ausbessern wollte. Auf ihrem Harmonium aus Rosenholz waren die Noten aufgeblättert. Die Spielsachen der kleinen Tochter waren sorgfältig aufgeräumt. In der Kapitänskajüte stand das Frühstück auf dem Tisch. Der Kapitän hatte sein Ei geköpft, aber nicht aufgegessen. Das Mannschaftsdeck war sauber aufgeräumt, die Kojen ordentlich gesäubert. Nur das Rettungsboot fehlte. Es waren keine Spuren eines Kampfes oder von Gewalt zu sehen. Das Schiff machte eine ordentlichen gepflegten Eindruck.

Doch eine Frage beherrschte später die Untersuchungen der Seegerichte: Wie konnte das Schiff vom 25. November, dem Tag der letzten Logbucheintragung, ohne Besatzung seinen Kurs halten? Eine Expertengruppe kam zu dem Schluss, dass es unmöglich sei, mit den derart gesetzten Segeln den Kurs zu fahren, den die „Mary Celeste" genommen hatte. Außerdem hätte die Mannschaft des Schiffes nie mit dem kleinen Rettungsboot flüchten können. Vom Eigner, dem Kapitän mit seiner Familie und der Mannschaft hat man nie wieder etwas gesehen oder gehört. Die „Mary Celeste" bleibt weiter ein großes Geheimnis.

Der „Fliegende Holländer" geistert schon als Sage seit dem 17. Jahrhundert über die Weltmeere. Lange bevor Richard Wagner seine Oper über das unglückliche Schiff schrieb. Der Sage nach wurde das Schiff verflucht, bis zum jüngsten Tag über die Weltmeere zu segeln, weil der Kapitän einen Pakt mit dem Teufel geschlossen hatte. Das rätselhafte an der Geschichte ist nur, dass ernst zu nehmende Zeugen, darunter Kaufleute, Handelsfahrer und Soldaten, Schiff gesehen haben wollen. Der prominenteste von ihnen war Prinz Georg, der spätere König von

England. Am 11. Juli 1881 nahm er eine historische Eintragung ins Logbuch der „HMS Inconstant" vor, auf der er als 16jähriger Leutnant fuhr:

„Um vier Uhr morgens kreuzte der ‚Fliegende Holländer' vor unserem Bug. Er gab ein phosphoreszierendes Licht von sich wie ein von innen heraus glühendes Phantomschiff; inmitten dieses Lichtes waren in 200 Metern Entfernung die Masten, Sparren und Segel einer Brigg deutlich zu erkennen, die backbord voraus lag, wo sie sowohl der wachhabende Offizier auf der Brücke als auch der Leutnant vom Achterdeck, der schnell ans Vorderdeck beordert wurde, sahen. Doch als die „Inconstant" dort ankam, war keine Spur oder irgendein Zeichen von einem wirklichen Schiff, weder in der Nähe, noch fern am Horizont, mehr zu sehen. Obwohl die Nacht klar und die See ruhig war. ."

Insgesamt 13 weitere Männer an Bord der „Inconstant" und zweier Begleitschiffe hatten die Erscheinung beobachtet. Noch am selben Tag stürzte der Matrose, der den „Fliegenden Holländer" als Erster gesehen hatte, von einem Mast und fand den Tod. Wenig später starb auch der kommandierende Großadmiral.

Das „Geisterschiff" wurde später auch von Land aus gesehen. Im März 1939 sahen nahezu 100 Menschen das Schiff. Sie nahmen ein Sonnenbad am Gelencairn-Strand südöstlich von Kapstadt. Plötzlich tauchte vor den Augen der Menge ein voll aufgetakeltes Segelschiff aus dem Hitzedunst auf und kreuzte mit vollen Segeln in der Bucht, obwohl sich kein Lüftchen regte. Doch plötzlich verschwand das Schiff, als habe es sich in Luft aufgelöst.

Was passiert nach dem Tod?

Alle Weltreligionen glauben an ein Leben nach dem Tode. Die Reinkarnation, zu deutsch: die Wiederfleischwerdung, ist insbesondere im Hinduismus und Buddhismus ein wichtiges Element des Glaubens. Auch die Christen glaubten früher daran, dass die Seele im Laufe aufeinander folgender Reinkarnationen gereinigt werde. Erst beim fünften ökumenischen Konzil in Konstantinopel im Jahr 533 entschied sich die Kirche für eine andere Lösung: Die Toten werden am Tag des jüngsten Gerichtes auferstehen und sich mit Jesus Christus vereinigen.

Mit dieser Theorie stehen die Christen ziemlich allein in der Welt. Denn der Glaube, dass es gleich nach dem Tode mit einem neuen Leben weitergeht, hat bessere Chancen. Seit Jahrtausenden gibt es verblüffende Beispiele von nachweisbaren Reinkarnationen. Der Psychiater Professor Dr. Ian Stevenson von der Universität Virginia gilt als hervorragender Wissenschaftler und als weltweit anerkannter Forscher auf dem Gebiet der Reinkarnation. Mit einem Stab von meistens 50 wissenschaftlichen Mitarbeitern hat er mehr als 2000 Fälle von Reinkarnationen untersucht. Bei 400 Fällen hat er die Untersuchung mit dem Vermerk „Reinkarnation ist sicher" abgeschlossen.

Es handelte sich meistens um Kinder im Alter von zwei und drei Jahren. Bei ihnen ist es praktisch ausgeschlossen, dass sie durch äußere Einflüsse wie Literatur oder Fernsehen ein „früheres Leben" erfinden. Gleichzeitig fanden die meisten der Untersuchungen in ländlichen Gebieten von Staaten ab, wo die Informationen spärlich fließen. Abgesehen davon müssen die Kinder, die von einem früheren Leben berichten, früh untersucht werden, da die Erinnerungen an ein Leben vor dem Leben mit spätestens sechs Jahren verblassen.

Zwei Ergebnisse der Untersuchungen hat Professor Stevenson kürzlich im „Journal of Nervous and Mental Diseases", einer der wichtigsten Wissenschaftzeitschriften der Welt, veröffentlicht. In einem Fall handelte es sich um einen Jungen von Stamm der Tinglit-Indianer im US-Staat Alaska. Die Eltern des Jungen, beide Analphabeten, hatten berichtet, dass ihr Sohn in einer Sprache rede, die sie nicht kannten. Stevenson stellte fest, dass es sich hierbei um Sanskrit handelte, eine alte indische Sprache, die nur von wenigen tausend Menschen und Wissenschaftlern gesprochen wird. Noch überraschender war die Tatsache, dass der kleine Indianer auch komplizierte wissenschaftliche Texte lesen und verstehen konnte. Dabei war er unfähig, in Englisch auch nur ein einziges Wort zu lesen.

Eine Befragung ergab, dass der kleine Indianer in einem Dorf bei Bombay als Lehrer tätig gewesen war. Doch Stevenson stellte fest, dass in diesem indischen Dorf nur Analphabeten lebten. Weitere Forschungen ergaben aber, dass es bei dem Dorf ein Kloster gibt, wo man sich ausgiebig mit der Sanskrit-Forschung beschäftigt. Vor einigen Jahren war dort ein junger Mönch geboren, den die anderen Mönche gerne hänselten, weil er lispelte. Der kleine Tinglit-Indianer in Alaska lispelte auch. Bei den Tinglit-Indianern stieß Stevenson auch auf eine bis dahin unbekannte Form der Reinkarnation: die Vorhersage der Wiedergeburt. Der Indianer William George, ein Fischer, sagte seinem Sohn und seiner Schwiegertochter: „Ich komme zurück und werde euer Sohn. Ihr werdet mich an den Muttermalen erkennen, die ich auch in diesem Leben habe."

Im August ertrank George bei einem Fischzug. Wenig später wurde seine Schwiegertochter schwanger. Das Baby hatte tatsächlich Muttermale, wie sie der alte Indianer hatte. Stevenson: „Er zeigte ein frühreifes Wissen über das Fischen und über Boote. Er hatte Kenntnisse von Menschen und Orten, die weit über das hinausgingen, was er auf normale Art hätte erfahren können."

Als der kleine William, er war nach seinem Großvater benannt worden, jene goldene Uhr erblickte, die er in seinem „ersten Leben" seinem Sohn geschenkt hatte, griff er gleich nach ihr und sagte: „Meine Uhr". Und er wusste, ohne dass er die Uhr jemals vorher gesehen hatte, was unter dem Sprungdeckel stand: „William George. 17. Januar 1947."

Im Jahr 1964 hatte Stevenson von einem Fall im Libanon erfahren, in einem Dorf 15 Kilometer von der Hauptstadt Beirut entfernt. Ein kleiner Junge namens Imad war dort 1958 geboren worden. Das erste Wort, das er sprach, war „Jamileh". Wie sich später herausstellte, war dies der Name der Geliebten von Ibrahim Bourmazy, dessen Inkarnation der Kleine zu sein schien. Imad sprach später fast nur noch über Bourmazys Zuhause, den Wohnort und die Familienmitglieder. Der Vater kannte den Namen Bourmazy nicht.

Professor Stevenson brachte den nunmehr fünfjährigen Imad mit der Familie Bourmazy zusammen. Der Kleine erkannte auf Anhieb sämtliche Familienmitglieder und nannte sie beim Namen. Stevenson befragte Imad im Beisein mehrerer Zeugen, darunter unabhängige Wissenschaftler, nach seinen Kenntnissen über die Familie. Von 58 Fragen beantwortete Imad 54 auf Anhieb richtig. Keine Frage wurde falsch beantwortet. Bei den restlichen vier Fragen gab es lediglich Zweifel.

Große Geister haben schon immer an die Reinkarnation geglaubt. Von Platon an. Goethe schrieb über die Wiedergeburt: „Ich bin gewiss, wie Sie mich hier sehen, schon tausendmal hier gewesen und hoffe, wohl noch tausendmal wiederzukommen."

Friedrich der Große sagte kurz vor seinem Tod: „Ich fühle nun, dass es mit meinem irdischen Leben bald aus sein wird. Da ich aber überzeugt bin, dass nichts, was einmal in der Natur existiert, wieder vernichtet werden kann, so weiß ich gewiss, dass der edlere Teil von mir darum nicht aufhören wird, zu leben. Zwar werde ich wohl im künftigen Leben nicht König sein, aber desto besser: Ich werde doch ein tätiges Leben führen und noch dazu ein mit weniger Undank verknüpftes." Auch der Dichter Heinrich von Kleist schrieb im Jahre 1806 in einem Brief: „Komm, lass uns etwas Gutes tun und dabei sterben. Einen der Millionentode, die wir schon gestorben sind und noch sterben werden. Es ist, als ob wir aus einem Zimmer ins andere gehen."

Die Suche nach dem Dalai Lama

Für Hindus und Buddhisten ist die Reinkarnation etwas ganz Selbstverständliches. In Tibet beispielsweise wird der geistige und politische Führer, der Dalai Lama, ausschließlich durch Finden und Prüfen der Reinkarnation des verstorbenen Lamas bestimmt. Auch der heutige Lama ist nach dem Glauben seiner Religion ebenso eine Reinkarnation, wie alle seine Vorgänger seit 1391. Die Suche war recht kompliziert. Nachdem der 13. Dalai-Lama gestorben war, setzte man ihn auf seinen Thron in einem pavillonartigen Heiligtum. Das Gesicht, das zunächst nach Süden gerichtet war, zeigte bald nach Norden. Außerdem war ein großer sternförmiger Pilz auf einem der hölzernen Pfeiler in der Nordostecke gewachsen. Diese beiden Omen wiesen darauf hin, dass der kleine Junge im Nordosten Tibets zu finden sei.

!937 reiste der Regent mit großer Begleitung zum heiligen See Lhamo Latso, um dort eine Vision zu erleben. Nach langem Beten und Meditieren hatte er eine Vision von einem Kloster mit jadegrünen und goldenen Dächern und einem Haus mit türkisfarbenen Ziegeln. 1938, drei Jahre nach dem Tod des Lamas fand eine Gruppe von Priestern und Würdenträgern tatsächlich die grünen und goldenen Dächer des Klosters Kumbum.

Und in dem nahegelegenen Dorf Taktser gab es ein Bauerndorf mit türkisfarbenen Ziegeln. In dem Haus lebte ein Ehepaar mit einem kleinen Jungen, der drei Jahre alt war. Die weisen Männer besuchten die Familie, ohne zu sagen, worum es ging. Ein Mitglied der Gruppe gab sich als Regent aus, während der wahre Regent in Dienerkleidung im Hintergrund blieb. Nachdem die Gruppe das Haus betreten hatte, stürmte der kleine Bauernsohn auf den verkleideten Regenten zu und wollte auf seinem Schoß sitzen. Um den Hals trug der Regent einen Rosenkranz, der dem 13. Dalai-Lama gehört hatte. Der Junge schien den Rosenkranz wiederzuerkennen und wollte ihn unbedingt haben. Der Lama versprach ihm das, wenn er erriete, wer er sei. Darauf sagte der Junge er sei „Sera-aga", was in dem Dialekt der Gegend „Lama von Sera" bedeutet.

Die Gruppe der Reisenden wollte am nächsten Morgen zurück nach Lhasa. Der Junge drängte, er wolle mit. Doch zuvor prüften die Abgesandten den Jungen noch einmal intensiver. Sie beobachteten, wie das Kind unter vielen Rosenkränzen jene aussuchte, die dem verstorbenen Lama gehört hatten. Er erkannte auch eine Trommel und einen Stock wieder, die dem 13. Dalai-Lama gehört hatten. Da war sich die Kommission einig, den 14. Dalai-Lama gefunden zu haben.

Der kleine Junge wurde 1939 nach Lhasa gebracht: Am 14. Tag des 1. Monats im Jahr des Eisernen Drachens (1940) wurde das Kind auf den Thron gesetzt. Dort blieb er, bis ihn die Chinesen aus Lhasa vertrieben. Er fand in Indien Asyl und gilt heute in der Welt als große moralische Autorität.

Den eigenen Tod überlebt

Es gibt Tausende von Menschen, die ihren eigenen Tod überlebt haben. Sie waren klinisch tot und wurden wieder ins Leben zurückgeholt. Fast alle sagten, sie seien nur ungern ins Leben zurückgekehrt.

Die „International Association for Near Death Studies" (Internationale Gesellschaft zum Studium von Nah-Todeserlebnissen) hat mehr als 1000 Mitglieder, ausschließlich Wissenschaftler. Sie untersucht diese Fälle. Überall auf der Welt. Und die Wissenschaftler kamen zu dem Schluss, dass etwa ein Drittel aller Wiederbelebten positive Nahtod-Erlebnisse hatten.

Nach den Untersuchungen zeigten die Betroffenen nach ihren Erlebnissen größere Toleranz, Mitgefühl und Verbundenheit zu anderen Menschen. Es sei sogar zur Heilung von psychischen Krankheiten gekommen und zuweilen auch zur völligen Kehrtwendung von Verbrechern. Außerdem hatte niemand der Betroffenen noch Angst vor dem Tod

Wodurch Nah-Todeserlebnisse entstehen, ist noch unklar. Dass es sie gibt, ist unbestritten. Da ist der Fall einer 50jährigen Amerikanerin aus Seattle, bei der im Krankenhaus ein Herzstillstand eintrat. Die Ärztin Dr. Kimberley Clarc-Sharp: „Auch die Atmung hatte bereits ausgesetzt. Dennoch versuchten wir, die Frau ins Leben zurückzurufen, obwohl sie klinisch tot war. Das

Wunder gelang uns dennoch." Nachdem sie wieder ins Leben zurückgerufen worden war, berichtete die Patientin präzise ihre Erlebnisse während des Todes: „Ich habe an der Zimmerdecke geschwebt und konnte den Ärzten zusehen, wie sich die Ärzte um mich bemühten." Dann habe sie zum Fenster hinaus auf die Parkplatz gesehen. Sie konnte den erstaunten Ärzten sämtliche Autos – Farben und Typen – schildern, die während ihres „Todes" angekommen oder weggefahren waren. Eine Nachprüfung ergab, dass ihre Schilderung fehlerfrei war.

Dann sei sie nach außen geschwebt, mehrere Stockwerke tief. Dabei habe sie im dritten Stock einen Tennisschuh auf dem Fenstersims gesehen „Es war ein blauer Schuh." Die Ärzte prüften auch diese Aussage nach. Dr. Kimberley Clark-Sharp: „Ich musste ihr glauben, ob ich wollte oder nicht, denn die betreffende Etage hatte die Patientin mit Sicherheit nie betreten. Also muss sie ihren Körper verlassen haben."

Der berühmte Sterbeforscher Dr. Raymond A. Moody fasste zusammen, was er von mehreren hundert Menschen mit Nah-Todeserlebnissen hörte: „Ein Mensch liegt im Sterben. Während sich seine körperliche Bedrängnis ihrem Höhepunkt nähert, hört er, wie der Arzt ihn für tot erklärt. Er nimmt ein brummendes Geräusch wahr und zugleich das Gefühl sich rasch durch einen langen, dunklen Tunnel zu bewegen. Dann befindet er sich plötzlich außerhalb seines Körper, aber immer noch in derselben Umgebung wie bisher. Wie ein Beobachter blickt er nun aus einiger Entfernung auf seinen Körper. Zuerst von starken Gefühlen aufgewühlt, gewöhnt er sich immer mehr an seinen merkwürdigen Zustand. Bald dringen neue Eindrücke auf ihn ein.

Andere Wesenheiten von seiner eigenen, neuen Art nähern sich dem Sterbenden, um ihn zu begrüßen. Er erkennt bereits verstorbene Freunde, Verwandte, liebe Menschen sowie ein unbekanntes leuchtendes Wesen, das Liebe und Wärme ausstrahlt wie er sie noch nie erfahren konnte oder je für möglich gehalten hätte.

Ohne Worte zu gebrauchen, fordert ihn das Lichtwesen auf, sein Leben als Ganzes zu betrachten und zu bewerten. Es hilft dabei mit, indem es ein Panorama der wichtigsten Lebensstationen in gedankenschneller Rückschau an ihm vorbeiziehen lässt.

Dann komm es zu einer dramatischen Wendung: Der Betreffende nähert sich einer Grenze, die – das weiß er ganz genau – die Trennlinie zwischen dem irdischen und dem folgenden Leben darstellt. Dieser als erschreckend empfundene Moment kann früher oder später kommen, je nachdem, wie lange der klinische Tod jeweils dauert.

In jedem Fall hat die Vorstellung einer Rückkehr ins Leben nichts Positives an sich. Die Sterbenden sträuben sich, wollen hinüber, dem Licht, der Wärme, der Geborgenheit zu, wo glückliche

Wesen auf sie warten. Auch wenn die Umkehr wie eine Rückkehr in einen dumpfen Alptraum gefürchtet wird, so sieht der Sterbende ein, dass der Augenblick seines Todes noch nicht gekommen ist. So vereinigt sich die Seele wieder mit ihrem materiellen Körper.

Ganz sicher hinterlässt die Todeserfahrung bei allen Befragten tiefe Spuren: Jeder Zweifel an der Möglichkeit eines Weiterlebens nach dem Tode ist ausgeräumt. Die Unsterblichkeit wird auf Grund persönlicher Erfahrungen als beglückend betrachtet. Auch wenn er keine menschlichen Worte findet, um zu schildern, was er erlebt hat. Versucht er das, stößt er auf Ablehnung oder Hohn der Mitmenschen."

Einer der größten Geister der Neuzeit war Thomas Alva Edison (1847 - 1931). Er erfand unter anderem den Phonographen, die Kohlenfadenlampe, die erste elektrische Beleuchtungsanlage, den ersten von einer Dampfmaschine unmittelbar angetriebenen Generator zur Erzeugung von Strom, den Kinematographen und das Vitaskop für Laufbildprojektionen, entdeckte den Edison-Effekt und die Glühemission.

Doch das Gerät, das er für sein Wichtigstes hielt, konnte er bis zu seinem Tod nicht fertig stellen. Er wollte eine Maschine bauen, mit der nachzuweisen war, dass der Mensch nach dem Tode nicht spurlos verschwinden könne. Edison: „Ich glaube, dass Leben ebenso unzerstörbar ist wie Materie. Es hat auf dieser Welt immer eine gestimmte Quantität an Leben gegeben und es wird immer dieselbe Quantität geben. Man kann Leben nicht erschaffen, man kann es nicht zerstören, man kann es auch nicht vervielfältigen."

Als sich 1920 herumsprach, dass er an einer Maschine arbeitete, die die Kommunikation mit Gestorbenen ermöglichen könne, rief er die Presse zusammen. Er erklärte: „Ich behaupte nicht, dass unsere Persönlichkeit in eine andere Existenz oder Sphäre übergeht. Ich behaupte nichts, denn ich weiß nichts. Kein Mensch weiß etwas darüber. Aber ich behaupte, dass es möglich ist, einen Apparat zu konstruieren, der so empfindlich reagiert, dass er – falls es Persönlichkeiten in einer anderen Existenz oder Sphäre gibt, die mit uns in Verbindung zu treten wünschen, ihnen zumindest diese Möglichkeit einräumt."

Edison stellte die These auf, dass möglicherweise submikrobisch kleine „Wesenheiten" existieren, die Lebensformen in immer neuen Erscheinungen aufbauen, und dass die Konstruktion der immer neuen Erscheinungsformen von einer kleinen Zahl von „Meisterwesenheiten" geleitet werde, die im gemeinsamen Zusammenwirken die Persönlichkeit bilden. Wenn diese Meisterwesenheiten auch nach dem Tod beieinander blieben, könne die Persönlichkeit überleben und mit Hilfe seiner Maschine Kontakt zu den Lebenden aufnehmen. Edison bemühte sich sein Leben lang, Geheimnisse durch praktische Lösungen zu lüften.

Er hatte sich schon in seiner Jugend mit Telepathie befasst und an mehreren Experimenten mit dem Hellseher Bert Reese teilgenommen. Doch seinen Geniestreich, ein technisches Medium zu bauen, hat er nicht vollenden können, obwohl er bis zu seinem Tode intensiv daran gearbeitet hatte.

Die „Society for Psychical Research" wurde 1882 unter dem Vorsitz des Humanisten Professor Henry Sidgwick aus Cambridge gegründet und besteht heute noch. Unter ihren Präsidenten waren drei Nobelpreisträger, elf Angehörige der königlichen Familie, ein Premierminister und 181 Professoren, darunter fünf Physiker. Die Gesellschaft widmet sich paranormalen Phänomenen und sieht ihre Aufgabe darin, echte von vorgetäuschten Phänomenen zu trennen.

Tatsächlich gelang es der seriösen Gesellschaft, zahlreiche Scharlatane zu überführen, weil sie äußerst strenge Maßstäbe bei der Bewertung von unerklärlichen Phänomenen anlegt. Fünf Mitglieder der Gesellschaft, angesehene Wissenschaftler und Gelehrte verschiedener Disziplinen, fassten Anfang des Jahrhunderts den Plan, nach ihrem Tod den Beweis zu erbringen, dass Botschaften aus dem Jenseits möglich sind. Die Namen der Wissenschaftler: Die Professoren Henry Butcher, A. W. Verall, Frederic Myers, Edmund Gurney und Henry Sidgwick. Der Plan, den sie ausarbeiteten, war kühn, äußerst kompliziert – und er klappte. Er ging in die Geschichte der Wissenschaft als „Cross Correspondences" (Kreuz-Korrespondenzen) ein und niemand hat dieses einmalige Experiment als Betrug, Telepathie oder Selbsttäuschung zu erklären vermocht. Das Experiment begann, als Frederic Myers 1901 starb. Ohne Vorwarnung entdecke eine Dame der englischen Gesellschaft, dass sie „automatisch" schreiben konnte. Ihre Hand wurde gegen ihren Willen von einem Wesen aus dem Jenseits geführt. Sie empfing im Dämmerzustand eine Nachricht Frederic Meyers. Nach und nach starben alle fünf Wissenschaftler. Und sie schickten in 30 Jahren mehr als 3000 Botschaften an Medien in England und den USA.

Wie geplant, gaben die Nachrichten der Gelehrten nur einen Sinn, wenn man sie Teil für Teil zusammensetzte. Jeder Empfänger erhielt nur ein Bruchstück, das allein nichts sagend war. Erst zusammengesetzt ergaben die Nachrichten einen verständlichen Sinn. Die Themen waren aus den wissenschaftlichen Gebieten gewählt, in denen die Verstorbenen zu Lebzeiten Kapazitäten gewesen waren. Die Botschaften enthielten nachweislich Einzelheiten, die nur den Verstorbenen bekannt gewesen sein konnten. Sie hatten überdies auch noch Stolpersteine eingebaut. So diktierten sie ihre Nachrichten in Latein oder Altgriechisch. Sprachen also, die die Medien nicht beherrschten. Außerdem waren die Botschaften so fachlich kompliziert, dass die den Bildungsstand der diversen Medien weit übertrafen.

Zum letzten Mal meldeten sich die fünf gebildeten Geister im Jahre 1972. Dann versiegten die Botschaften. Die Medien und die wissenschaftlichen Freunde waren tot und die fünf Wissenschaftler hatten genug getan, um zu beweisen, dass es möglich ist, aus dem Jenseits Botschaften zu schicken. Oder sie sind, wie der britische Parapsychologe Richard Bullock vermutet, als Reinkarnationen schon längst wieder unter uns.

Risse im Vorhang der Zeit

Die Gabe des Sehens

Solange Menschen leben, wollen sie wissen, was ihnen bevorsteht, welche Zukunft sie haben, wie das Morgen aussieht. Sie wollen hinter den Vorhang der Zeit schauen. Und tatsächlich gibt es dort hie und da Risse, durch die man vorwärts schauen kann. Viele glauben an Astrologie, an Wahrsagen, Hellsehen und Prophezeiungen. Es gibt in der Tat erstaunliche Fälle von gelungenen Blicken in die Zukunft, die nicht nur Wissenschaftler immer wieder in Erstaunen setzen. Seher und Propheten gab es schon in uralten Zeiten. Der Begriff Prophezeiung kommt aus dem Griechischen und bedeutet Weissagung. Könige befragten Orakel, ob kriegerische Feldzüge gelingen würden, Jäger und Fischer, wann und wo es die beste Beute geben würde, und Verliebte wollten immer wissen, ob die Liebe erwidert wird.

Propheten standen und stehen hoch im Kurs. Und der prominenteste von ihnen ist zweifellos der französische Arzt Michel de Notredame, der sich Nostradamus nannte und von 1503 bis 1566 lebte. Heute ist man dazu übergegangen, Dinge aus seinen Voraussagen herauszulesen, die er gar nicht gesagt hat. In der Tat hat der Arzt seine Prophezeiungen durch Rätsel und Symbole verschleiert. Wohl, wie ernst zu nehmende Nostradamus-Forscher meinen, um nicht der Hexerei angeklagt zu werden. Trotz aller Missinterpretationen seiner Prophezeiungen hat

Nostradamus erstaunlich oft ins Schwarze getroffen. Und das schon zu Beginn seiner Seher-Karriere. Er schrieb den Vers:

„Der junge Löwe wird den alten
überwinden
Auf dem Kriegsfeld in nur einer
Schlacht,
In einem goldenen Käfig wird er sein
Auge durchbohren;
Zwei Wunden in einer, dann stirbt
er eines grausamen Todes."

Diese 35. Strophe von insgesamt 942 von ihm verfassten, erschien vier Jahre vor einem königlichen Lanzenturnier, das Höhepunkt der Hochzeitsfeier war, bei der Elisabeth, die Tochter des französischen Königs Heinrich II. mit Philipp II. von Spanien vermählt wurde. Heinrich II. ritt auf seinem reich geschmückte Pferd gegen Gabriel des Lorges, Graf Montgomery.

Der Wettkampf wurde für unentschieden erklärt, doch Heinrich bestand auf einer Fortsetzung. Kurz darauf trafen die Lanzen der beiden Wettkämpfer aufeinander und splitterten. Montgomerys Lanze durchdrang das goldene Visier des Königs, stieß ihn ins Auge und verletzte gleichzeitig die Kehle. Neun Tage später, am 10. Juli 1559, starb der König. „Zwei Wunden in einer": Nostradamus hatte selbst die Einzelheiten genau prophezeit.

Nicht alle Vierzeiler des französischen Propheten waren so genau und präzise. Doch er machte weitere richtige Voraussagen, die bis zum Jahr 3797 gelten sollen. Zum Beispiel:

„Die Verschmähte wird den Thron
besteigen;
Ihre Feinde werden als Verschwörer
Entlarvt:
Ihr Zeitalter wird triumphieren wie
Keines zuvor;
Mit 70 wird sie gewiss sterben."

Diese Weissagung galt der Königin Elisabeth I. von England, die ihre Feinde beseitigte, ihr Reich erfolgreich modernisierte und tatsächlich im Jahr 1603 in ihrem 70. Lebensjahr starb. Eine erschreckende Prophezeiung machte er für die Neuzeit. In mehreren Versen kommt der Name Hister vor, mit dem Adolf Hitler gemeint sein könnte. In einem Vers schreibt er:

„Ein Führer von Großdeutschland
wird kommen
Um Hilfe zu bieten, die nur
Geheuchelt ist;
Er wird die Grenzen Deutschlands
Ausdehnen
Und Frankreich zwingen, sich in
zwei Teile zu teilen."

Nostradamus sagte auch seinen eigenen Tod voraus. Er schrieb: „Man wird mich tot neben meinem Bett auffinden." Tatsächlich fand man ihm am 2. Juli 1566 tot neben einer Bank, die man seinem Krankenbett zur Seite gestellt hatte, damit er sich leichter hinein- und heraushelfen konnte.

Nostradamus hatte viele überraschend gute Hellseher, Visionäre, Wahrsager und Propheten als Nachfolger. Sie glichen sich nie in ihren Methoden, aber die Richtigkeit ihrer Voraussagen war oft beeindruckend. Anfang 1997 starb die amerikanische Hellseherin Jeane Dixon. Sie hatte schon 1952, als in Amerika noch kein Menschen John F. Kennedy kannte, in einer Kirche die Vision von einem „blauäugigen Mitglied der Demokratischen Partei, der das Weiße Haus betritt". Sie sah auch ein Datum: 1960. Aber sie sah auch eine Warnung: Der Präsident wird ermordet. Ihre Weissagung wurde damals in Zeitungen gemeldet, aber von niemandem ernst genommen.

1960 wurde der blauäugige Demokrat Präsident. Im November 1963, drei Jahre nach der Wahl Kennedys hatte Jeane Dixon eine weitere Vision vom Tod des Präsidenten. Sie versuchte verzweifelt Kennedy zu warnen. Doch der Präsident reagierte fatalistisch: „Wenn sie dich kriegen wollen, kriegen sie dich auch."

Am Morgen des 22. November, einem Freitag, sagte sie zu mehreren Freunden, darunter bedeutende Journalisten, „Heute ist der Tag, an dem es geschehen wird." Am Nachmittag des

22. November wurde John F. Kennedy in Dallas (US-Staat Texas) ermordet.

Von Jeane Dixon ist auch bekannt, dass sie die Ermordung von Martin Luther King und Robert Kennedy voraussagte, ebenso die Todesdaten von UN-Generalsekretär Dag Hammarskjöld, Außenminister John Foster Dulles und den Selbstmord von Marilyn Monroe.

US-Präsident Franklin Delano Roosevelt, einer der Vorgänger Kennedys, bat Jeane Dixon 1944 ins Weiße Haus und fragte sie, wie lange er noch zu leben habe. Der schwerkranke Präsident wollte seine Angelegenheiten regeln. Jean Dixon sagte es ihm: "Sie haben noch sechs Monate zu leben." Roosevelt starb am 12. April 1945.

Weitere erstaunliche Voraussagen der Prophetin:

Bei einem Empfang in Washington sagte sie dem indischen Militärattaché, sein Land werde am 2. Juni 1947 geteilt, was auch geschah (Indien und Pakistan). Dem britischen Sieger im Weltkrieg, Winston Churchill prophezeite sie die kommende Wahlniederlage. Churchill, der tatsächlich die Wahl unerwartet verlor, hat nie wieder mit Jeane Dixon gesprochen.

Als die Apollo-IV-Raumkapsel verunglückte und die amerikanische Raumfahrt mit dem Tod der Astronauten Grissom, White und Chaffee ihre ersten Opfer fand, erinnerten sich viele an die Voraussage Jeane Dixons, dass die Kapsel verunglücken werde, weil in ihr „falsche Drähte" seien und dass man ein Werkzeug am falschen Platz finden werde. Fotos der zerstörten Raumkapsel zeigten später ein Gewirr von Drähten, in die ein Werkzeug verwickelt ist.

Der Schauspieler Bob Hope, der nie an Prophezeiungen und Wahrsagerei glaubte, wollte sie einmal scherzhaft auf die Probe stellen. Er fragte sie beiläufig, wie viele Schläge er bei einer Golfpartie am Vortage gebraucht habe. Den Namen des Partners erwähnte er nicht, da es ein streng gehütetes Geheimnis war. Jeane Dixon antwortete: "Sie brauchten 92 Schläge und Präsident Eisenhower 96". Bob Hope hat nie mehr an Jeane Dixons Fähigkeiten gezweifelt.

Neben den allgemein bekannten Hellsehern wie Nostradamus oder Jeane Dixon gab es aber auch eine große Zahl von Propheten, die heute völlig vergessen sind.

Dem Norweger Anton Johanson (1858 - 1929), einem einfachen Bauern, offenbarten sich in einer einzigen Nacht im November 1907 genaue Visionen der kommenden Jahre von 1914 bis 1921 und 1947 bis 1953. Aus seinen Voraussagen, die alle schriftlich festgehalten wurden, einige Beispiele: Er sah den Ausbruch des Ersten Weltkrieges voraus, den russischen Vorstoß an der Ostfront, den Grabenkrieg an der Westfront, aber auch die große Grippe-Epidemie der Jahre 1918 bis 1921, die weltweit mit 21 Millionen Toten mehr Opfer forderte als der Erste Weltkrieg. Der Bauer sah aber auch schon 1907 das Chaos voraus, das nach dem Zweiten Weltkrieg in Deutschland herrschen würde. Die Teilung des Landes in Besatzungszonen, den Hunger. Aber auch den Wohlstand, der langsam aus den Trümmern wachsen werde.

Ein anderer vergessener Seher ist der englische Bauer Robert Nixon (1467 - 1485). Er prophezeite in seinem kurzen Leben wichtige politische Ereignisse, deren Bedeutung für die Geschichte er schon wegen mangelnder Bildung nicht ahnen konnte:

Er sagte den englischen Bürgerkrieg voraus, die Herrschaft von Wilhelm von Oranien, die französische Revolution, den englisch-französischen Krieg und das Entstehen des englischen Weltreiches.

Professor John O'Toole von der amerikanischen Universität Syracuse (US-Staat New York) ist der Meinung, dass die Weltgeschichte einen anderen Verlauf genommen hätte, wenn man die Prophezeiungen ernst genommen hätte. Andererseits: „Vielleicht war es aber besser so, dass man dem Schicksal der Geschichte nicht in den Rücken gefallen ist."

Der Blick in die Sterne

Das gilt sicher auch für die Astrologie, die als älteste Wissenschaft der Welt bezeichnet wird, auch wenn ihr heute die Wissenschaftlichkeit nicht mehr bescheinigt wird.

Seit den Sumerern und Chaldäern sind Horoskope bekannt. Für die damaligen Herrschen galten sie als unfehlbar. Erst die Griechen kamen zu dem Schluss, dass die Gestirne die menschliche Existenz nicht beherrschen, sondern nur beeinflussen. „Die Sterne machen geneigt, aber sie zwingen nicht." Mit diesem Satz der Griechen konnte die Astrologie die spätere Theologie und die Philosophie überleben, ohne in schwere Konflikte zu geraten.

Dabei hat sogar in unseren Jahren ein Richter die Astrologie als exakte Wissenschaft bezeichnet. Evangeline Adams, Nachfahrin von US-Präsident John Quincy Adams, wurde Anfang des Jahrhunderts zu bekanntesten Astrologin ihrer Zeit. In Amerika herrschten damals strenge Gesetze. So wurde Evangeline Adams 1914 wegen des „Vergehens der Wahrsagerei" verhaftet. Man machte ihr den Prozess. Vor Gericht bot sie an, einen Beweis für die Wahrheit der Astrologie zu erbringen, indem sie das Horoskop eines Menschen erstellt, der ihr völlig unbekannt sei. Der Richter wählte zu diesem Experiment seinen eigenen Sohn aus. Frau Adams stellte eine derart exakte Analyse der Persönlichkeit und des bisherigen Lebens des jungen Mannes, dass der Richter sie freisprach. In seinem Urteil heißt es: „Die Angeklagte hebe die

Astrologie auf das Niveau einer echten Wissenschaft." Frau Adams war verhaftet worden, weil sie nach Befragen der Sterne aus ihrer Geburtsstadt Boston nach New York umgezogen war, weil in dem Hotel in dem sie in Boston wohnte, eine Katastrophe passieren würde. Erst lächelte der Besitzer amüsiert – zwei Tage später brannte das Hotel ab und der Hotelier machte die Aussage der Astrologin publik – der Grund der Verhaftung. Schon 1931 las Frau Adams, zu deren Kunden Enrico Caruso, der Herzog von Windsor und die Schauspielerin Mary gehörten, in den Sternen, dass sich die USA ihm Jahr 1942 im Krieg befinden würden, was auch der Fall war. Aber sie erlebte diesen Krieg nicht. Schon 1932 hatte sie eine Vortragsreise mit der Begründung abgesagt, sie werde vorher sterben. Kurz vor Beginn der geplanten Vortragsreise starb sie im November 1932 im Alter von 59 Jahren.

Sie wussten es vorher...

In der Parapsychologie gibt es den Begriff der „Außersinnlichen Wahrnehmungen" – ASW. Hierzu gehört die so genannte Präkognition, das „Vorherwissen". Seit Jahrtausenden gibt es in Legenden und Mythen Hinweise darauf, in letzter Zeit auch ausführliche wissenschaftliche Berichte.

Ein seltener Fallen Massen- Vorherwissen ereignete sich 1966 bei der sogenannten Aberfan-Katastrophe. Am 21. Oktober 1966 kam in dem walisischen Bergbaudorf Aberfan eine riesige Kohlenhalde ins Rutschen und begrub eine Schule unter sich. 128 Kinder und 16 Erwachsene kamen ums Leben.

In den Tagen nach der Katastrophe stellte sich heraus, dass einige der Schulkinder und außerdem Menschen in ganz England die Tragödie vorausgesehen hatten. Doch niemand hatte auf sie gehört.

Der Wissenschaftler J.C. Barker trug insgesamt 35 Fälle zusammen, die vor der Katastrophe Ahnungen oder Visionen hatten. Der Bericht einer Frau aus Plymouth, 300 Kilometer von Aberfan entfernt, hatte am Vorabend der Katastrophe in einer Kirche eine Vision, die sie gleich sechs weiteren Personen erzählte. Am Morgen der Tragödie hatte sie noch einer Nachbarin eine halbe Stunde vor dem Bergsturz darüber berichtet. Es klang wie ein Augenzeugenbericht: „Zuerst sah ich ein kleines Schulhaus in einem kleinen Dorf, dann einen walisischen Bergarbeiter, dann eine Kohlenlawine, die den Berg herunterrollte. Unter diesem Berg aus Kohle war ein kleiner Junge, der zu Tode erschrocken war. Dann sah ich wie Bergungsarbeiten vor sich gingen. Mir war so, als wäre der kleine Junge gerettet worden. Und neben ihm stand ein Mann der Bergungstrupps mit einer eigenartigen Mütze auf dem Kopf." Das Unglück geschah am 21. Oktober um 9.15 Uhr. Eine Viertelstunde vorher hatte sie einer Nachbarin noch einmal ihre Vision erzählt, die ihr riet, dem Pfarrer davon zu berichten. Die Frau tat es. Zu spät. 15 Minuten später verschüttete die Kohle die Schule.

Schon sieben Tage vor der Katastrophe erzählte eine Frau aus Sidcup in Kent mehreren Bekannten von einem Traum: „Ich hatte einen schrecklich lebhaften Traum von einem Dorf, wo Kohle abgebaut wird. Es passierte in einem Tal mit einem großen Gebäude voller Kinder. Berge von Kohle und Wasser stürzten zu Tal und begruben das Haus unter sich. Die Schreie der Kinder erschienen mir so echt, dass ich selber schreien musste."

Die Mutter einer der Opfer berichtete, dass ihre Tochter am Tag vor der Tragödie ihr und ihrem Mann erzählt habe, sie habe keine Angst vor dem Tod. Befragt, warum sie so etwas sage, meinte das Kind: „Ich habe geträumt, ich ging zur Schule. Doch die Schule gab es nicht mehr. Etwas Schwarzes war auf sie gefallen." Niemand dachte an eine Warnung. Das Mädchen ging zu Schule. Eineinhalb Stunden später wurde es von einer schwarzen Lawine begraben. In insgesamt 35 nachgeprüften Fällen, die Dr. Barker sammelte, hatten Menschen in Aberfan oder im übrigen England Visionen oder Träume, die eindeutige auf die Katastrophe hinwiesen. Niemand nahm diese präkognitiven Warnungen ernst.

In der Literatur ist es häufig zu außergewöhnlichen Beispielen von Vorauswissen gekommen. So wurde beispielsweise der Untergang der „Titanic" im Buch vorausgesehen. Der amerikanische Schriftsteller Morgan Robertson war in seiner Jugend zur See gefahren. Später war er als Juwelier tätig und schrieb dann 200 Erzählungen und neun Bücher.

Eine Novelle, die er 1898 veröffentlichte, überstrahlt sein gesamtes Werk, weil sie die exakteste Voraussage eines Ereignisses ist, die jemals Schwarz auf weiß gedruckt wurde. Das Buch heißt „The Wreck of the Titan". Es beschreibt die Jungfernfahrt des größten und sichersten Linienschiffes der Welt und seinen schrecklichen Untergang. Das Schiff überquert in der Novelle den Atlantik zwischen Southampton und New York und stößt mit einem Eisberg zusammen. An Bord entsteht ein Chaos. Das Schiff droht zu sinken, in viel zu wenigen Rettungsbooten kann sich nur die Hälfte der Passagiere retten. Das Schiff, dessen Todeskampf 14 Jahre vor dem Untergang er „Titanic" die realen Ereignisse vorwegnimmt, heißt in dem Buch „Titan". Bei ihrem Erscheinen fand die Novelle kaum Beachtung. Erst nach dem Untergang der „Titanic" erinnerten sich einige an Robertsons Geschichte und das Buch wurde ein viel diskutierter Bestseller. Der Autor behauptete damals, er haben einen „astralen Co-Autor" gehabt. Doch Wissenschaftler waren der Meinung, dass es sich hier um einen außergewöhnlichen Fall von Vorauswissen handele.

In der Tat sind die Einzelheiten verblüffend genau vorhergesehen, wie eine Gegenüberstellung von Details der Novelle und der Wirklichkeit belegt:

Name:	Titan	Titanic
Tonnage:	75 000 BRT	66 000 BRT
Schiffslänge:	800 Fuß	882,5 Fuß
Zahl der Schrauben:	3	3
Wasserdichte Schotts:	19	16
Rettungsboote:	24	22
Passagiere:	3 000	2224
Tempo beim Aufprall auf den Eisberg:		
	25 Knoten	23 Knoten

Es fällt schwer, bei einer derartigen Übereinstimmung von Zufall zu sprechen. Ähnliches gilt für den legendären Pullmanwaggon des Schriftstellers Thomas Wolfe. Nach seinem Erfolg mit „Schau heimwärts, Engel", sandte Wolfe ein Manuskript unter dem Titel „K 19" an seinen Verleger. „K 19" war die Nummer eines Pullmanwaggons, der eine wichtige Rolle in seinem neuen Buch spielte. Das Buch wurde nie verlegt. Aber die Waggonnummer „K 19" tauchte in anderen Werken von Thomas Wolfe immer wieder auf. Auch in seinem letzten Buch „You Can't

Go Home Again" (Es führt kein Weg zurück) ist von dem Pullmanwaggon „K 19" die Rede. Wolfe starb am 15. September 1938. Sein Freund und Lektor C. Aswell war mit dabei, als die Familie den Schriftsteller in seinen Heimatort Asheville (North Carolina) brachte. Aswell und die Familie fuhren in dem Waggon, in dem der Sarg des Dichters transportiert wurde. Am Ziel stellten sie fest: Der Pullmanwaggon hatte die Nummer „K19".

Eine makabre Form der literarischen Prophezeiung findet sich in einem Buch das der englische Schriftsteller Matthew Shiel (1865 - 1947) im Jahre 1896 veröffentlichte. Shiel war ein früher Science Fiction-Autor, der Zukunftsgeschichten und Krimis veröffentlichte.

In einer Erzählung dieses Buches schildert er einen gnadenlosen Verfolgungsfeldzug einer schwarz gekleideten Eliteorganisation gegen alle Menschen, die „dem Fortschritt schädlich sind". Die „Schwarzen" verwüsten dabei ganz Europa. Die Leichen der Ermordeten werden dem Feuer übergeben. Neben der Vorwegnahme einer menschenverachtenden Brutalität ist der Titel des Buches vielsagend: „The S. S."

Die Zahl über Berichte von Prophezeiungen in Träumen ist riesengroß. Jeder Mensch träumt. Der Traum ist ein Ergebnis der Seelentätigkeit im Schlaf . Die Beeinflussung der Seele durch die Einflüsse der Außenwelt und des bewusst ordnenden Verstandes fährt fort und die Fantasie verarbeitet die Seeleneindrücke in freier Willkür. Soweit die Wissenschaft. Die Menschen verstehen Träume oft als Botschaften. Oft sind sie es auch. Niemand weiß, wer sie aussandte. Berichte darüber, welche Ideen oder Meisterwerke im Traum eingefallen sind, gibt es zu Tausenden. Dazu gibt's auch prophetische Träume, die die Politik beeinflussten oder auch Unglücke vorhersagten.

Vor allem technische Entdeckungen fielen den Menschen oft im Traum ein. Der amerikanische Mechaniker Elias Howe (1819 – 1867) experimentierte schon lange an einer Nähmaschine. Aber es wollte nicht gelingen. Immer wieder riss der Faden ab.

Howe hatte das Loch wie bei einer normalen Nähnadel oben angebracht. Eines Nachts träumte er, er sei in Afrika an einen Baum festgebunden. Um ihn herum tanzten Eingeborene mit Speeren. Doch sie hatten Löcher an der Spitze ihrer Speere. Als Howe erwachte, kannte er die Lösung seines Problems. Das Loch für den Faden gehörte nicht an das Ende, sondern an die Spitze der Nadel. Am selben Tag noch baute Howe die erste brauchbare Nähmaschine mit Doppelsteppstich.

Der Schriftsteller Laszlo Josef Biro (1899 – 1985) bekleckerte sich ständig mit seinem Füller, was ihn fürchterlich ärgerte. 1939 träume er, dass auf der Straße vor seinem Arbeitszimmer ein paar Leute herumtobten, die ihn bei der Arbeit störten. Im Traum nahm er ein Gewehr, um die Ruhestörer zu verjagen. Aber aus dem Lauf kam nur Tinte. Wütend steckte er einen kugelförmigen Briefbeschwerer in den Lauf. Aber es kam wieder nur Tinte, allerdings sehr sparsam, heraus. Am nächsten Morgen setzte er sich an den Schreibtisch, zeichnete und berechnete – und hatte den Kugelschreiber erfunden.

Der deutsche Chemiker August von Kekule forschte schon lange und verzweifelt nach der Molekularstruktur der Verbindung Benzol. In einem Traum sah er die Kohlenstoff-Atome tanzen. Sie bildeten die Form einer Schlange, die sich selbst in den Schwanz beißt. Als der Wissenschaftler erwachte, war ihm klar, dass die gesuchte Struktur die Form eines Ringes hatte. Er zeichnete sie auf und wurde durch diese Entdeckung weltberühmt.

Giuseppe Tartini, italienischer Geigenvirtuose und Komponist des 18. Jahrhunderts, träumte, er habe einen Pakt mit dem Teufel geschlossen. Wenn er ihm seine Seele gäbe, bekäme er eine Sonate. Im Traum ging Tartini darauf ein. Der Teufel spielte dann auf Tartinis Geige eine Sonate, die das „Schönste war, das ich je gehört habe", so Tartini.

Als er erwachte, griff er sofort zu seiner Geige und versuchte, die Sonate nachzuspielen und aufzuschreiben. So entstand die berühmte „Teufelstrillersonate". Tartini sagte aber später: „Das Stück, das ich nach der Musik des Teufels komponierte, ist das Beste, was ich je komponiert habe. Es blieb aber weit hinter dem, was ich im Traum gehört habe."

Träume künden aber auch häufig Unglück oder Tod an. Einer der bekanntesten Träume dieser Art sagte einen Präsidentenmord voraus. Der 16. Präsident der Vereinigten Staaten, Abraham Lincoln, erzählte am Abend des 14. April 1865 bei einem Abendessen mehreren Freunden von einem Traum. In der Nacht zuvor sei er schweißgebadet aufgewacht. Er habe im Traum ein Schluchzen gehört und sei ihm durch das Weiße Haus gefolgt. Er sei in einen ihm unbekannten Raum gekommen, wo ein mit dem Sternenbanner geschmückter Sarg stand.

Er habe den Wache haltenden Gardesoldaten gefragt, wer gestorben sei. Die Antwort: „Der Präsident. Man hat ihn umgebracht." Am nächsten Abend, dem 15. April 1865, wurde Präsident Abraham Lincoln von einem fanatischen Südstaatler, dem Schauspieler Booth, im Theater hinterrücks erschossen.

Auch die Ermordung des Erzherzogs Franz Ferdinand von Österreich-Ungarn am 28. Juni 1914 wurde im Traum vorausgesehen. Bischof Joseph Lanyi, der Erzieher des Herzogs, träumte, Franz Ferdinand sei bei einer Autofahrt in Sarajevo erschossen worden. Der Bischof schrieb den Traum nieder und versuchte verzweifelt, seinen Schützling zu erreichen, um ihn zu warnen.

Doch schon am selben Tag erhielt er ein Telegramm, das das Attentat schilderte, von dem er geträumt hatte. Warum prophetische Träume oft tragische Ereignisse ankünden, ist nach wie vor unbekannt.

Der im 17. Jahrhundert berühmte französische Schauspieler Jean Champesle erzählte von einem Traum, in dem er sah, wie seine verstorbene Mutter ihm zuwinkte. Er ließ daraufhin am nächsten Tag eine Totenmesse lesen und zahlte auch gleich dafür. Nach dem Ende der Messe brach er vor der Kirchentür zusammen und starb.

Sugar Ray Robinson war einer der besten und elegantesten Boxer der Geschichte. Vor seinem Kampf um die Weltmeisterschaft im Jahr 1947 gegen den Herausforderer Doyle hatte er einen bösen Traum. „Ich schlug ihn zu Boden", erzählte Robinson damals. „Er lag hilflos da. Doyle rührte sich nicht mehr. Der Ringrichter zählte bis zehn und das Publikum rief: Er ist tot"

Der Traum beeindruckte den Boxer sehr. Er bat seinen Trainer George Gainford und den Veranstalter Larry Attkins, den Kampf abzusagen. Aber die beiden lachten den Boxer aus. „Mach dich nicht lächerlich", sagte Attkins. „Träume werden nicht wahr." Doch Robinson blieb bei seiner Meinung. Bis der Veranstalter einen Geistlichen herbeirief, der Robinson beruhigte und ihn überredete, doch in den Ring zu steigen.

Doyle und Robinson kämpften verbissen sieben Runden lang, bis Robinson seinen Gegner mit zwei krachenden rechten Haken fällte. Robinson stand über ihm und schaute auf den geschlagenen Gegner. Doyle bewegte sich nicht mehr. Er starb am nächsten Tag.

Ein Traum hat auch für Preußens Kanzler Bismarck die Entscheidung zumindest erleichtert, gegen Österreich einen Krieg zu führen. Wie der „Eiserne Kanzler" später an Kaiser Wilhelm schrieb, war die Entscheidung, den Krieg zu beginnen, für Bismarck sehr schwierig. Doch ein Traum half ihm bei der Entscheidung. Bismarck hatte geträumt, er reite auf einem schmalen Alpenpfad, der immer enger und schmaler wurde. An eine Umkehr oder ein Absitzen war nicht zu denken, da es keinen Platz dafür gab. Er musste einfach weiter.

Da rief er im Traum Gott an und schlug mit seiner Reitpeitsche gegen die Felswand. Sie stürzte wie eine Bretterwand in sich zusammen und eröffnete einen breiten Weg in eine böhmische Landschaft, wo preußische Truppen die Siegesfahnen hissten.

Dieser Traum war für Bismarck die Entscheidung, in den Krieg zu ziehen. Mit der Schlacht beim böhmischen Königsgrätz endete der Krieg siegreich für Preußen.

Es sind allerdings auch sehr erfreuliche Dinge im Traum vorhergesagt worden. Sogenannte Siegträume. Aus England liegen Dutzende von Berichten von vor. Das „Journal of the Society for Physical Research" hat einige von ihnen gesammelt.

John Godley, der spätere Lord Kilbracken, träumte während seinen Studiums seit dem 8. März 1946 viele Siege bei Pferderennen voraus und gewann ein Millionenvermögen. Er hatte nicht die leiseste Ahnung von Pferden, Rennen und Wetten und musste anfangs von Freunden gedrängt werden, Geld einzusetzen. Godley träumte über Umwege von Pferdenamen. Er träumte, er habe bei der Lektüre der Zeitung die Namen „Bindal" und „Juladin" gelesen. Ein Freund, dem er von dem Traum erzählte, drängte ihn, in den Zeitungen nachzuschauen, wo Pferde mit diesen Namen am Start seien. Er fand „Bindal", der am Nachmittag in Plumpton starten würde, und ein Pferd namens „Juladin", das in Westerby an den Start gehen sollte. Aus Spaß setzten er und sein Freund ein paar Pfund auf die Pferde. Beide gewannen ihre Rennen. Godley fand Gefallen an dem Spiel und wurde zum Star der Universität Oxford. Er ging dazu über, nächtliche Träume sofort zu notieren. Morgens gab er sie an die Studentenfreunde weiter. Die verbesserten damit ihre finanzielle Lage ganz erheblich.

Am 4. April besuchte Godley seine Eltern in Irland und träumte von einem Pferd mit dem Namen „Tuberose". Da englische Zeitungen erst Tage später im Haus seiner Eltern eintrafen, telefonierte er mit der Postfrau des nächsten Ortes und erfuhr, dass ein Pferd namens „Tuberose" im bedeutenden „Grand National" laufen werde. Godley investierte 199 Pfund. Das Pferd, ein krasser Außenseiter, gewann. Und Godley kassierte 7 000 Pfund.

Nun nahm der Psychologiestudent die Angelegenheit ernster und begann, über seine Träume Buch zu führen. Die Träume interessierten den von Haus aus wohlhabenden Oxford-Studenten nun weniger als Gewinnquelle. Er sammelte das Material aus wissenschaftlichen Gründen. Und er wollte beweisen, dass seine Träume keine Scharlatanerie waren. Im Jahr 1947 erkannte er im Traum das Pferd „Geakwar of Baroda" und seinen australischen Jockey Edgar Britt. Außerdem jubelte das Publikum im Traum einem Pferd namens „The Bogie" so laut zu, dass er davon aufwachte. Er schlug in der „Times" nach. Tatsächlich ging „Geakwar of Baroda" an diesem Tag unter Jockey Britt in Lingfield ins Rennen. Und „The Bogie" auch. Natürlich wettete er auf die Pferde. Doch er hielt diesmal seine Vorhersage schriftlich fest, versah sie mit dem Datum und trug sie zur Post. Dort wurde sie in einen Umschlag gesteckt, versiegelt und vom Postmeister im Safe eingeschlossen. Beide Pferde gewannen ihre Rennen, wie es in der versiegelten Vorhersage stand.

Als die Zeitungen darüber berichteten, wurde Godley so bekannt, dass Privatleute und Zeitungen ihn als Wettexperten für ein sehr hohes Gehalt einstellen wollten. Doch Godley studierte zu Ende und gewann nebenher mit seinen Träumen ein großes Vermögen. Später wurde er Politiker, der geadelt und ins Oberhaus berufen wurde.

Der Psychologe Stan Gooch hatte ebenfalls präkognitive Siegträume. Doch er träume von Zahlen und wettete auf die Pferde, die diese Zahlen trugen. Er gewann viel Geld. Die Hälfte seiner Gewinne spendete er für wohltätige Zwecke.

Spuk, Geister und Gespenster

Geister und Häuser, in denen Geister wohnen, sind eine unendliche Geschichte. In Afrika, Südamerika, Asien stellt man Geister und Gespenster nicht in Frage. In Europa passierte dies erst mit der Aufklärung. Allerdings mit Ausnahme Großbritanniens und Irlands. Doch heute widmen sich immer mehr wissenschaftliche Institutionen diesem „unwissenschaftlichen" Thema. Tausende Beschreibungen von Geister- oder Spuk-Erscheinungen will man nicht mehr ignorieren. Da gibt es die vielen Menschen, die in ihrer Todesstunde noch einmal bei ihren Familien auftauchen, da erzählt man sich von Spukhäusern. Tausende Beschreibungen von Geister- oder Spukerscheinungen will man nicht mehr ignorieren. Da gibt es die vielen Menschen, die in ihrer Todesstunde noch einmal bei ihren Familien auftauchen, da erzählt man sich von Spukhäusern, da gibt es Malerei aus dem Jenseits, Poltergeister. Die Liste ist lang. Und häufig scheinen gerade jene Menschen auf Geister zu treffen, die deren Existenz vorher energisch abgestritten haben.

Der Doktor der Theologie und Kanoniker der anglikanischen Kirche, J. B. Phillips, ein bekannter Autor theologischer Werke, schilderte seinem Bischof eine Begegnung mit dem Geist des Literaturhistorikers und Cambridge-Professor Clive Staples Lewis. Phillips: „Zunächst möchte ich feststellen, dass ich von Natur aus skeptisch bin und so wenig abergläubisch, wie es nur möglich ist. Doch der verstorbene C. S. Lewis, der einige Tage zuvor gestorben war, ‚erschien' mir, als ich gerade vor dem Fernseher saß. Er nahm in einem Sessel in meiner Nähe Platz und sprach ein paar Worte zu mir, die sich auf unmittelbar schwierige Umstände bezogen, in denen ich mich befand. Seine Hautfarbe war frischer denn je, er grinste über das ganze Gesicht. Interessant fand ich die Tatsache, dass ich überhaupt nicht an ihn gedacht hatte, als er erschien.

Ein paar Wochen später – diesmal lag ich im Bett und las vor dem Einschlafen – erschien er wieder, offensichtlich noch blühender aussehend als zuvor und wiederholte dieselbe Botschaft, die damals für mich äußerst wichtig war. Das verwirrte mich ein wenig und ich erwähnte es einem Bischof gegenüber, der damals in Dorset im Ruhestand lebte. Seine Antwort lautete: „Mein Lieber, Derartiges ereignet sich doch ständig.""

Es scheint sich tatsächlich „ständig zu wiederholen", dass Geister nicht nur ihren Freunden oder Familienmitgliedern erscheinen, sondern auch Fremden. Der anglikanische Theologe Phillips und der verstorbene Literaturhistoriker, von dem er so wesentliche Hinweise erhielt, hatten sich im Leben kaum gekannt. Ähnliches widerfuhr dem amerikanischen Schriftsteller Nathaniel Hawthorne, der in seinem Leben mehrere Geister traf und der glaubte, sein Haus sei ein Spukhaus. Am häufigsten erschien ihm der Geist des Dr. Harris, eines betagten Geistlichen, der wie der Schriftsteller häufig im Athenäum zu finden war, dem Lesesaal der Universität von Boston. Eines abends erfuhr Hawthorne, dass

Dr. Harris gestorben sei – was den Schriftsteller überraschte, hatte er den netten alten Herrn doch noch am gleichen Tag im Athenäum gesehen. Am nächsten Morgen ging Hawthorne wieder in den Lesesaal und sah dort Harris, der am Kamin saß und las. Hawthorne beobachtete interessiert den Geist. Ihm fiel auf, dass keiner außer ihm das Gespenst des Dr. Harris bemerkte.

Dr. Harris kam weiter Tag für Tag in den Lesesaal und Hawthorne überlegte, wie er die Erscheinung prüfen könne. Aber er verwarf das Ansinnen. Später schrieb er: „Vielleicht widerstrebte es mir, diese Illusion zu zerstören." Außerdem habe es im Lesesaal ein striktes Redeverbot gegeben. Und: „Welch lächerliche Figur hätte ich abgegeben, wenn ich etwas angesprochen hätte, das in den Augen anderer nur ein leerer Stuhl war. Außerdem war ich Dr. Harris nie vorgestellt worden." Später stellte sich heraus, dass mehrere Besucher des Athenäums Dr. Harris gesehen hatten. Aber sie hatten alle die gleichen Skrupel, ihn anzusprechen, wie sie der Schriftsteller hatte.

Das Wort Geist ist abgeleitet von einem Wortstamm der Erschrecken" bedeutet. „Geist" wird häufig als die körperlose Seele eines Toten definiert. Doch der englische Wissenschaftler W. H. Myers war der Ansicht, dass ein Geist die „Manifestation von beharrender, persönlicher Energie" sei. Wissenschaftler haben Geistererscheinungen in vier verschiedene Hauptgruppen unterteilt.

Die erste Gruppe sind Erscheinungen, die nur an einem bestimmten Ort auftreten. Der Fachausdruck dafür ist ortszentriert.

Die zweite Gruppe sind Erscheinungen von Toten. Sie treten einige Zeit nach ihrem Tod auf und haben keinen Zusammenhang mit einem besonderen Ort oder Ereignis.

Die dritte Gruppe bilden Fälle, in denen ein noch lebender Mensch einem anderen als Geist erscheint, in dessen Leben im gleichen Augenblick ein tiefgreifendes Ereignis stattfindet – Unfall, Krankheit oder Tod. Der Grund ist den Empfängern zunächst unbekannt.

Die vierte Kategorie umfasst die experimentell hervorgerufenen Erscheinungen. In diesen Fällen stellt der Geist nicht einen Toten oder Sterbenden dar, sondern eine lebende Person, die absichtlich ihr Bild einer anderen Person sichtbar macht.

Für jede der vier Kategorien verfügt die britische Gesellschaft für Psychische Forschung allein für Großbritannien über eine Liste von insgesamt 700 Geistererscheinungen, für die keine rationale Erklärung gefunden werden konnte.

Zur ersten Gruppe der „stationären" Geister gehört zweifellos eine Erscheinung, die die Medizinstudentin R. C. Morton so beschrieb:

„Ich sah die Gestalt einer großen schwarz gekleideten Frau auf den Treppenstufen. Nach wenigen Augenblicken kam sie die Treppe herab. Aus Neugier folgte ich ihr. Ich hatte nur einen Kerzenstummel, der plötzlich erlosch. Danach konnte ich nichts mehr sehen und ging in mein Zimmer". Dieser Geist bot sich für eine ausführliche Untersuchung an und wurde fortan von der Gesellschaft für Psychische Forschung beobachtet.

In den folgenden sieben Jahren sahen außer der Studentin Morton noch sechs weitere Menschen die schwarz gekleidete Frau. Mehr als 20 Personen hörten Geräusche, die offensichtlich von dem Geist stammten. Die Erscheinung folgte stets einem vorgegebenen Muster: Sie ging die Treppe hinab, betrat das Wohnzimmer und stand eine Weile am Fenster. Dann verließ sie das Zimmer durch die Tür, ging den Gang entlang und verschwand spurlos

Die Studentin machte Versuche, die Aufmerksamkeit des Geistes auf sich zu lenken. Sie spannte Bindfäden über die Treppe, die aber unberührt blieben, sie versuchte mit dem Geist zu sprechen, der aber antwortete nie, obwohl er offensichtlich ihre Anwesenheit bemerkte. Sie wollte ihn auch berühren, doch der Geist wich ihr stets aus. Der Vater der Studentin konnte die schwarze Frau nicht sehen. Als er dennoch ans Fenster ging, wo sie wie immer herausschaute, wich sie ihm aus. Die Hunde reagierten sehr sensibel. Der eine lief zur Treppe, wedelte mit dem Schwanz, als ob er gestreichelt werden wollte, wich aber doch mit eingezogenem Schwanz zurück und versteckte sich unter dem Sofa. Ein anderer Hund wurde häufig in einem „verängstigten Zustand" angetroffen, ohne dass ein Grund vorlag. Zwei der Menschen, die die Frau auch sehen konnten, identifizierten sie als eine frühere Besitzerin des Hauses, deren Mann bei einem Schiffsunglück ums Leben gekommen war.

Zur zweiten Kategorie gehört eine Erscheinung, die einem Schauspieler begegnete, der auf dem Bildschirm jeden Fall lösen konnte: Telly Savalas alias Inspektor Kojak. Am 24. Februar 1957 fuhr er in der Nacht durch eine ländliche Gegend von Long Island (New York). Um drei Uhr morgens ging ihm der Sprit aus. Savalas berichtet:

„Ich bin in ein Nachtcafé gegangen und habe nach der nächsten Tankstelle gefragt. Man sagte mit, ein paar Kilometer geradeaus seine eine Tankstelle geöffnet. Ich machte mich also auf den Weg. Aber ich stellte fest, dass ich gar kein Geld bei mir hatte.

Da hörte ich plötzlich eine Stimme hinter mir. Ein Mann fragte, ob er mir helfen könne. Es saß in einem schwarzen Cadillac Ich stieg ein und er fuhr mich zur Tankstelle. Dann lieh er mir ein paar Dollar, damit ich Treibstoff kaufen konnte. Ich wollte ihm das Geld natürlich zurückgeben und bat ihn, seinen Namen, seine Adresse und seine Telefonnummer aufzuschreiben. Er tat es. Sein Name war Harry Agannis."

Telly Savalas rief ein paar Tage später die notierte Nummer an. „Eine Frau war am Telefon. Sie sagte, Agannis sei ihr Ehemann gewesen. Doch er sei seit drei Wochen tot." Verblüfft und verwirrt suchte Savalas die Frau auf. Er zeigte ihr den Zettel, den der Unbekannte ihm mit Namen und Adresse gegeben hatte. Savalas: „Sie sagte mir, das sei mit Sicherheit die Handschrift ihres Mannes. Ich beschrieb ihr die Kleidung. Sie sagte unter Tränen, das sei die Kleidung, in der ihr Mann beerdigt worden war." Savalas war bis zu seinem Tode sicher, einem Geist begegnet zu sein.

Die mit Abstand meisten Berichte gibt es über die dritte Kategorie der Geistererscheinungen, also das kurze plötzliche Auftauchen aus besonderem Anlass. Am 22. Juni 1893 gab Lady Tyron in ihrem Haus am Eaton Place in London eine Gesellschaft. Kurz nach 3 Uhr 30 sahen mehrere Gäste ihren Gatten, den Admiral Sir George Tyron, lautlos durch den Salon schreiten. Als die Gäste dies Lady Tyron mitteilten, war sie völlig verblüfft. „Sie müssen sich irren", sagte sie. „Mein Mann ist im Mittelmeer und kommandiert sein Schiff bei einem Manöver." Zur gleichen Stunde, als Admiral Tyron durch den Londoner Salon ging, wurde sein Schiff „Victoria", das Flaggschiff der königlichen Marine, von dem Schiff „Camperdown" gerammt und versenkt. Admiral Tyron ging mit der „Victoria" unter.

In seinen 1891 veröffentlichten Memoiren erzählt der Schriftsteller Lord Brougham von einer makabren Absprache, die er mit einem Kommilitonen an der Universität Edinburgh getroffen hatte. Wer von ihnen als Erster sterben würde, sollte dem anderen erscheinen, damit dieser Gewissheit über das Leben nach dem Tod hätte. Broughams Freund ging nah Indien und ließ jahrelang nichts von sich hören. Doch am Abend des 29. Dezember 1883 ging Brougham ins Bad – und sah seinen Freund auf dem Badehocker sitzen. Als sich er Schriftsteller von seinem Schrecken erholt hatte, war die Erscheinung verschwunden. Einige Zeit später erhielt Brougham einen Brief aus Indien, in dem ihm mitgeteilt wurde, sein Freund sei am 29. Dezember 1883 gestorben.

Die Psychiatrie erklärt Geistererscheinungen kurz so: Geister seien Manifestationen verschiedener unbewusster Wünsche, verdrängter Schuldgefühle und wirrer Fantasien. Der deutsche Psychiater Hans Sexauer ist da vorsichtiger: Der Spuk sei durch Experimente nicht zu erreichen, so dass man sich damit begnügen müsse, die Phänomene lediglich zu beschreiben und zu ordnen.

Kontakt zum Jenseits

Immer wieder taucht im Zusammenhang mit Geistern und Spuk der Begriff Medium auf. Er beutet „Vermittler". Ein Medium ist in der Parapsychologie ein Mittler zwischen der „körperlichen" Welt und der „unkörperlichen Welt". Nach Ansicht des Forschers Professor Horst Holzer hat etwa einer von zehn Menschen diese Gabe in verschiedenen Graden. Die Gabe sei nicht erlernbar, sondern angeboren. Bei ihren Kontakten mit der unkörperlichen Welt können die Medien bei Bewusstsein oder in Trance sein.

Der „Geist" spricht durch sie – oft mit einer anderen Stimme als die des Mediums. Oder er bedient sich, wie beim automatischen Malen oder Komponieren seiner Hand. Die Mitteilungen der Geister durch die Medien sind bei Parapsychologen nur von Interesse, wenn das Mitgeteilte dem Medium nicht bekannt gewesen sein kann, aber wahr ist.

Leslie Flint schient guten Kontakt zu den gestorbenen Stars zu haben. Über das Londoner Medium nahmen Rudolf Valentino, Leslie Howard, Lionel Barrymore oder Marilyn Monroe Kontakt mit dem Diesseits auf. Immer mit ihren jeweils typischen Stimmen.

Flint nahm in seiner 42jährigen Karriere auch auf Wunsch von Angehörigen Kontakte mit dem Jenseits auf. Zunächst gelang ihm dies nur in Trance; nachdem er seine Fähigkeiten trainiert hatte, sprach er auch bei vollem Bewusstsein mit den Verstorbenen. Flint, der später von Wissenschaftlern als unerklärliches Rätsel bezeichnet wurde, hatte schon als Mitarbeiter in einem Waisenhaus der Heilsarmee bemerkt, dass er mit Toten in Kontakt treten konnte.

Der erste Prominente meldete sich von selbst. Das heißt: Er ließ sich anmelden. Eine Münchnerin schrieb Flint, das Valentino einen Kontakt mit ihm wünsche. Flint konzentrierte sich auf ihn und Valentino sprach mit ihm, zum Teil in seiner italienischen Muttersprache.

Dann ging es Schlag auf Schlag. Neben Hollywoodberühmtheiten nahmen auch die Schriftsteller Rupert Brooke und George Bernard Shaw Kontakt mit ihm auf, um mitzuteilen, dass sie immer noch schrieben. Die Flugzeugpionierin Amy Johnson erzählte, dass es im Jenseits leider keine Flugzeuge gebe. Aber offensichtlich Klaviere, denn Frederic Chopin spielt und komponiert nach eigener Aussage immer noch. Shakespeare schreibt weiter an neuen Stücken und Marilyn Monroe teilte mit, dass sie keinen Selbstmord begangen habe, sondern an einer Überdosis von Medikamenten starb.

Das mag alles nach Lug und Betrug klingen. Aber Flint stellte sich gern und jederzeit Naturwissenschaftlern und Parapsychologen für Überprüfungen zur Verfügung. Es lag nahe, dass man glaubte, Flint sei Bauchredner oder er habe versteckte Mikrofone in seinem Raum. Dr. Louis Young, der in den USA schon mehrere betrügerische Medien entlarvt hatte, ließ Flints Mund mit gefärbtem Wasser füllen, um ihm das Sprechen unmöglich zu machen und auch das „Bauchreden". Doch die Geister sprachen weiter und alle die wollten, konnten mithören.

1948 verklebte Reverend C. Drayton Thomas, Mitglied des Rates der „Society for Psychical Research", den Mund des Mediums und band noch ein Tuch darum. Die Hände Flints wurden an Stuhllehnen festgebunden. Doch wieder sprachen die Geister in gewohnter Deutlichkeit – und das mit ihren weltbekannten, typischen Stimmen. Sprachkundler stellten mit komplizieren Geräten fest, dass es sich tatsächlich um die Originalstimmen handelte.

1972 unternahmen der Wissenschaftsredakteur der Zeitung „Sunday Express", Robert Chapman, Leiter der Sektion Elektrotechnik an der Columbia-Universität in New York, Professor R. Bennet und der Parapsychologe Nigel Buckmaster einen noch ausgeklügelten Test.

Zunächst wurde Flint geknebelt und an seinem Stuhl festgebunden. Dann wurde ein Kehlkopfmikrofon an seinem Hals befestigt. Mit zwei Kameras mit Infrarotdetektor konnte das Medium im Dunkeln beobachtet werden. Und trotzdem sprachen die Geister. Die Beobachter erblickten etwa

60 Zentimeter von Flints Kopf entfernt eine ektoplastische (Ekto-plasma: feinstoffliche Substanz, die sich bewegen und reden kann) Stimmenbox, wie sie angeblich von Geistern für Mitteilungen gebildet wird. Das Untersuchungsgremium stellte fest, dass die Stimmen auch unmöglich von einem versteckten Tonband kommen konnten, da es einen Frage- und Antwort-Dialog mit der „anderen Seite" gab.

1976 zog sich Flint zurück. Wissenschaftler untersuchen noch heute mehr als 500 Tonbänder, auf denen die Geisterstimmen aufgezeichnet wurden. Niemand konnte bis heute nachweisen, dass es nicht die Stimmen der berühmten Toten sind.

Der international bekannte Chinaexperte Dr. Neville Whymant nahm eher belustigt an einer Seance bei einem befreundeten Ehepaar, Richter William Cannon und Frau, teil. Whymant hatte überhaupt kein Verhältnis zum Spiritismus, er hielt das Ganze für Unfug.

An der Sitzung nahm als Medium George Valiantine teil, der ebenfalls die Fähigkeit zur „direkten Stimmprojektion" besaß. Dabei entstehen, wie bei dem Medium Flint, Töne und Worte mitten im Raum, ohne dass das Medium die Lippen bewegt.

Dr. Whymant verfolgte die Sitzung eher gelangweilt und belustigt. Doch plötzlich hörte er überrascht und erstaunt auf, als eine Flöte zu hören war und dann eine Stimme erklang, die ihn in fehlerlosem Altchinesisch – eine Form, die nur von ganz wenigen Experten beherrscht wird – ansprach. In der blumigen Sprache des uralten Chinesisch sagte die Stimme: „Sei gegrüßt, Sohn der Gelehrigkeit und Leser seltsamer Bücher. Dein unwürdiger Diener verneigt sich vor solcher Größe." Dr. Whymant antwortete im selben uralten Hochchinesisch: „Friede mit dir, Erleuchteter, dieser ungeschliffene Knecht erbittet deinen Namen und deinen erhabenen Stand."

Darauf erklärte der Unsichtbare: „Mein Name ist K'ung. Man nennt mich Fu-Tzu, und mein niederer Stand ist Kiu (zusammen: Konfuzius). Ich habe zahllose Jahre verschwendet und kein Ende der Straße erreicht. Darf ich deinen erhabenen Namen und Stand erfahren?"

Der Wissenschaftler war inzwischen sehr erregt und mitgerissen. Er fragte nach bestimmten Auslegungen in der Lehre des Konfuzius. Die Antworten waren korrekt und Dr. Whymant konnte viel Neues lernen. In aller höflichen Form bat er den Meister um Aufklärung einiger unverständlicher Passagen in seinen Gedichten.

Die Stimme klärte ihn auf und zitierte sogar noch einige Verse, die Dr. Whymant gar nicht kannte. Erst später fand er heraus, dass diese Gedichte wirklich existieren, aber in neueren Bücher über Konfuzius nicht gedruckt waren. Mit dieser Sitzung war Dr. Whymant vom Feind des Spiritismus zum Anhänger geworden.

„Es bleibt mir keine andere Wahl", sagte er. „Selbst wenn man annimmt, es wäre eine Inszenierung gewesen: Einen Menschen, der fehlerlos eine seit Jahrhunderten tote Sprache spricht und sich so gut in den Werken des Konfuzius auskennt, hätte man auf dieser Erde nie gefunden."

Die 28jährige Universitätsangestellte Patricia Kord aus Indianapolis hatte noch nie in ihrem Leben etwas von Geistern und Medien gehört. Sie ließ sich lediglich von ihrem Onkel Richard Cook wegen ihrer Migräne hypnotisieren.

Während einer solchen Behandlung zeigte sie plötzlich starke Veränderungen. Aus ihrem Mund kam plötzlich eine männliche Stimme. Es war offensichtlich ein Soldat der Konföderierten Armee aus dem amerikanischen Bürgerkrieg.

Er gab sich als Gene Donaldson zu erkennen, der als Freiwilliger bei den „Rebellen" gedient hatte, wie die Armee der Südstaatler genannt wurde. Er war vorher Farmjunge in der Nähe von Shreveport gewesen und hatte bei der Schlacht von Shiloh ein Auge verloren.

Richard Cook nahm die Worte, die aus dem Mund seiner Nichte kamen, auf einem Tonband auf. Gezielte Fragen an den Soldaten ergaben eine ausführliche Schilderung der Umstände im Bürgerkrieg, von den Lebensbedingungen dieser Zeit und von den Kriegsereignissen. Weder Richard Cook noch seine Nichte hatten den Namen Gene Donaldson jemals gehört. Sie waren nie in der Gegend von Shreveport gewesen, noch hatten sie Nashville gekannt, wo der arme Südstaatler während eines Gefechtes schließlich den Tod gefunden hatte.

Doch Cook hielt die Berichte eines Augenzeugen des Bürgerkrieges für so wichtig, dass er Journalisten einlud, sie sich anzuhören. Das Echo war enorm. Die Journalisten waren nach dem Anhören der Bänder ausgeschwärmt und hatten die Archive durchforstet. Sie fanden tatsächlich im Nationalarchiv in Washington den Gene Donaldson. Er hatte zu den Louisiana-Freiwilligen gehört, die sowohl bei Shiloh als auch bei Nashville gekämpft hatten. Donaldsons persönliche Geschichte stimmte Wort für Wort mit den Berichten auf Cooks Tonbändern überein.

Die Journalisten waren allen nur möglichen Spuren gefolgt und hatten sie tatsächlich bestätigt. Historiker fanden heraus, dass Donaldson in einem Kampf um Shy's Hill gefallen war, einem Randgemetzel der Schlacht von Nashville. Alle diese Tatsachen wurden in mühseliger Puzzle-Arbeit von Dutzenden von Fachleuten verifiziert. Es schien ausgeschlossen, dass eine von Migräne geplagte Universitätsangestellte und ihr Onkel sich ein derartiges Wissen angeeignet haben konnten.

Es blieb nur die Frage, warum sich ein kleiner Soldat hundert Jahre nach seinem Tod bei einer von Migräne geplagten Frau meldete, um seine Geschichte zu erzählen.

Der Hilferuf einer Rosa Menichelli gehört zu den Tausenden von Botschaften, die von Medien unbewusst aufgefangen wurden. Doch er ist der unerklärlichste. In der italienischen Kleinstadt Camerino fand im Sommer 1950 eine Sitzung mit dem örtlichen Medium Maria Bocca statt, die stinklangweilig war. Bis sich eine Rosa Menichelli ungerufen meldete, die, wie sich später herausstellte, von 1901 bis 1939 gelebt hatte.

Sie war nicht in Camerino geboren, aber dort gestorben und begraben worden. Und zwar, so lautete ihre schreckliche Botschaft, lebendig begraben worden. Über das Medium bat Rosa Menichelli um ihre Exhumierung, damit ihr Beispiel dafür sorge, dass anderen diese schreckliche Erfahrung durch mehr Sorgfalt erspart bliebe. Unter den Anwesenden der Sitzung war Dr. Giuseppe Stoppoloni, Professor für Anatomie an der Universität von Camerino, ein Arzt von internationalem Ruf. Auf seine Bitte gaben die Behörden die Genehmigung, Rosa Menichelli zu exhumieren.

Die Spitalakten zeigten, dass die Frau im Alter von 38 Jahren am 4. September 1939 an Kindbettfieber gestorben und zwei Tage später auf dem Ostfriedhof, Reihe 47, Grab 10 beerdigt worden war. Vertreter der Behörden, der Ärzteschaft und ein Fotograf beobachteten die Exhumierung. Und sie sahen eine Leiche, deren Haltung auf einen schrecklichen Todeskampf schließen ließ. Zweifellos war sie lebendig begraben worden. Die italienischen Behörden erfüllten den Wunsch der Rosa Menichelli und änderten die Bestattungspraxis. Der komplette Fall kann in offiziellen Akten nachgelesen werden. Nur eines nicht: Rosa Menichelli war 1939 gestorben. Warum kam ihr Hilferuf erst 1950 beim Medium an?

Der Passagierzeppelin R-101 war ein 100 Stundenkilometer schnelles Luftfahrzeug, das mit dem gesamten Luxus großer Transatlantikschiffe ausgestattet war. Am 5. Oktober 1930 um zwei Uhr in der Frühe endete dieses Kapitel der Luftschifffahrt. Der Stolz der britischen Luftflotte stürzte auf seinem Jungfernflug südlich vom französischen Abbeville wie ein Stein vom Himmel und explodierte wie ein Feuerball. Die gesamte Besatzung und 48 Passagiere, darunter höchste Regierungsbeamte, kamen ums Leben. Es hatte schon vor dem Abflug Gerüchte gegeben, der Zeppelin sei viel zu schnell und somit zu fahrlässig gebaut worden, weil er zur Empire-Konferenz fertig sein sollte. Doch die Bedenken wurden beiseite geschoben und der R-101 startete von London aus über den Ärmelkanal und erreichte französischen Boden. Wie sich hinterher herausstellte, war der Zeppelin allerdings mit viel zu geringer Geschwindigkeit unterwegs.

Während des Baus des Zeppelins war am 13. März der Kriegsheld Captain W. R. Hinchcliffe bei einer Atlantiküberquerung spurlos verschwunden. Drei Tage später meldete er sich bei dem Medium Beatrice Earl aus dem Jenseits. Er bat, dass man seine Frau verständige. Die Verbindung kam zu Stande.

Hinchclife verabschiedete sich. Dabei sagte er über das Medium im Beisein mehrerer Zeugen, darunter der Schriftsteller Conan Doyle: „Ich muss noch etwas über das neue Luftschiff 101 sagen. Das Fahrzeug wird die Belastung nicht aushalten." Er bat darum, dass sein alter Freund, Staffelführer Johnston, informiert werde, der als Navigator auf der R 101 fahren sollte. Der wurde auch informiert, doch die Bedenken fanden kein Gehör. Hinchclife meldete sich noch einmal, als R-101 schon über dem Kanal schwebte: „Es erhebt sich ein Sturm. Nur ein Wunder kann sie noch retten." Doch auch diese letzte Warnung blieb unbeachtet.

Doch die eigentliche Sensation kam zwei Tage nach der Katastrophe. Eine illustre Gesellschaft saß zusammen. Der „Gespensterjäger" Harry Price, ein Fachmann, der schon viele Scharlatane kalt gestellt hatte, der skeptische australische Journalist Ian Coster und ein Stenograf. Es ging darum, den inzwischen gestorbenen Schriftsteller Conan Doyle zu kontaktieren. Als Medium stand Eileen Garrett bereit, die eng mit der Wissenschaft zusammen arbeitete und nur an seriösen Sitzungen teilnahm.

Doch es kam anders. Nicht Conan Doyle meldete sich, sondern ein unbekannter Mann. Das Medium brach in Trance in Tränen aus und begann mit einer unbekannten Stimme hastig zu sprechen: „Die Zelle des Luftschiffs war von Haus aus viel zu schwer für die Maschinenleistung, besonders das Mittelstück. Auch die Maschinen viel zu schwer. Musste deshalb fünfmal zurück zum Stützpunkt. Schubkraft viel zu gering." Die fremde Stimme, die über das Medium sprach, wurde immer hektischer und schneller: „Unser Schub ist zu gering, falsch berechnet worden. Kontrollstelle informieren. Diese Idee mit den neuen Antriebsmotoren ist verrückt. Ein Triebwerk ist defekt. Ölpumpe kaputt. Das Kohle-Wasserstoff-System ist falsch, furchtbar falsch. Wir fliegen viel zu niedrig. Genauso wie bei den Probeflügen, viel zu kurze Probeflüge. Niemand hat das Luftschiff wirklich gekannt. Viel zu kleine Luftschrauben. Treibstoffeinspritzung unzureichend, Luftpumpe versagt, Kühlung ganz schlecht. Zusatzmotor kann nicht mehr benutzt werden. Flugapparat ist einfach zu schwer und die Ladung viel zu groß für diesen langen Flug. Zu viel Gewicht, zu viel, zu viel... Geschwindigkeit mangelhaft, Schiff schaukelt beängstigend. Starke Reibung der Außenhaut, sie reibt sich aneinander. Mit der Maschine stimmt etwas nicht, wir können nicht steigen, wir gewinnen keine Höhe mehr. Das Wetter ist viel zu schlecht. Die Außenhaut ist völlig durchnässt, und das Schiff senkt seine Nase bedenklich. Es ist unmöglich, wieder hochzukommen. Sind völlig hilflos, haben die Dächer von Achy gestreift."

Der bei der Seance anwesende Journalist Coster veröffentlichte diese Nachrichten aus dem Jenseits. Unter den vielen Lesern war auch Will Charlton, der beim Bau des Zeppelins beteiligt war. Er studierte das Protokoll der Sitzung und diskutierte es mit seinen Kollegen ausführlich. Dann gaben sie eine Erklärung ab: „Es scheint eindeutig, dass in dieser Sitzung Originalinformationen aus der Erfahrung des verstorbenen Kapitäns der R-101 gegeben wurden, als sei er persönlich anwesend gewesen." Charlton und seine Kollegen bezeichneten die Aufzeichnungen als „erstaunliches Dokument", weil hier mehr als 40 hochtechnische und vertrauliche, zum Teil sogar geheime Einzelheiten beschrieben wurden.

Das Medium Eileen Garrett hatte nun viel zu tun. Als Erster machte Major Oliver Villiers vom zivilen Luftfahrtministerium den Versuch, über das Medium mit seinem alten Freund Irvin in Kontakt zu treten. Villiers hatte bei der Katastrophe mehrere Freunde verloren. Er galt als ausgesprochener Feind des Spiritismus. Es muss ihn einige Überwindung gekostet haben, das Medium um eine Sitzung zu bitten.

Die „Begegnung" kam zustande, und Kapitän Irvin erzählte ihm den Hergang der Katastrophe mit noch mehr technischen Einzelheiten. Villiers sprach auch mit dem 1. Offizier der R-101, William Scott. Der bestätigte die Mitteilungen seines Kapitäns. Später fragten auch Luftfahrtexperten bei Eilen Garrett an und sprachen mit ihren Kameraden im Jenseits.

Ein Vergleich der Analysen der Gerichtskommissionen mit den Informationen aus einer anderen Welt, die Villiers über das Medium erhalten hatte, ergab, dass beide weitgehend übereinstimmten. Technische Details, beispielsweise die Kohle-Wasserstoff-Mischung, waren in England als streng geheim eingestuft und nur wenigen Leuten bekannt. Eilen Garrett hatte übrigens keinen blassen Schimmer von Technik. Auch das Örtchen Achy, von dem Irvin sprach, konnte niemand kennen. Es ist so klein, dass es auf keiner Landkarte verzeichnet ist.

Die Welt der Geister, sie ist so unerforscht wie vielseitig. Sie reicht bis in die ganz große Kunst. Drei Monate nach dem Tode Pablo Picassos tauchte ein völlig unbekanntes Bild des Genies auf. Es war nicht signiert. Doch Strich, Farben, Figuren waren zweifelsfrei von Picasso. Mehrere Experten ordneten den überraschenden Fund als „echt" ein. Kurz darauf tauchten einige Schwarzweißzeichnungen Picassos auf, die ebenfalls noch niemand gesehen hatte.

Während die Fachwelt über die überraschenden Geschenke des großen Malers grübelte, meldete sich der Engländer Matthew Manning. Er teilte in aller Ruhe mit, er sei mit Picasso im Jenseits in Verbindung getreten. Während er sich konzentrierte, habe er gemerkt, wie Picasso seine Hand führte. Manning, der nach seinen Angaben auch mit anderen Malern im Jenseits in Verbindung stand, berichtete, Picasso sei sehr ungeduldig gewesen. Er habe die Hand Mannings so ungestüm geführt, dass die Feder zweimal gebrochen sei.

Manning hatte mit vielen, sehr unterschiedlichen Malern Kontakt. Darunter Paul Klee, Leonardo da Vinci, Albrecht Dürer, Beatrix Potter, oder Isaac Oliver. Die Bilder, die Manning unter

ihrem Einfluss malte, wurden von der Fachwelt so perfekt einge-
schätzt, dass sie meinte, es müssten mehr als Fälschungen sein.
Von Originalen waren sie lediglich dadurch zu unterscheiden,
dass sie auf moderner Leinwand oder Papier gemalt wurden.

So war es auch bei dem brasilianischen Psychologen Louis
Gasparetto. Er stellte sich 1978 in der englischen Fernsehsendung
„Nationwide" der Öffentlichkeit. In Trance brachte er vor den
Kameras 21 Gemälde auf die Leinwand. Manchmal malte er mit
beiden Händen gleichzeitig an zwei verschiedenen Gemälden. Er
malte neue Renoirs, Picassos und Cézannes. Auch diese Bilder
waren von Originalen nicht zu unterscheiden. Ein Teil der
Fernsehzuschauer hatte geglaubt, die Sendung werde im
Zeitraffer gesendet.

Gasparetto konnte sich auch als Psychologe nicht erklären, was
beim automatischen Malen passiert. Kunstexperten verwiesen
darauf, dass es auf der Welt niemanden gäbe der beidhändig in
30 verschiedenen Stilrichtungen malt, und das unheimlich origi-
nalgetreu. Gasparetto musste im Fernsehen unter Scheinwerfern
arbeiten. Zu Hause malt er im Dunkeln. „Ich brauche kein Licht.
Die da oben sehen doch viel besser."

Auch die Archäologie hat Erfolge mit parapsychologischem
Hintergrund aufzuweisen: durch automatisches Schreiben. Der
Kirchenarchitekt Frederick Bligh Bond erhielt den Auftrag, das
Gelände des Klosters Glastonbury in Somerset (England) nach

archäologischen Funden abzusuchen. Die verwahrloste, von Pflanzen überwucherte Ruine, unter der angeblich der Sagenkönig Artus begraben liegt, war 1907 vom Staat gekauft worden.

Bond machte sich an die Arbeit, konnte aber unter den uralten Gemäuern nichts finden. Da kam ihm die Idee, seinen Freund Captain John Bartlett mit einzubeziehen. Captain Bartlett hatte die Fähigkeit des „automatischen Schreibens". Die beiden hofften, dass ihnen Geister bei er Suche helfen würden. Das Experiment fand am 7. November 1907 um 16 Uhr 30 statt. Bonds Frage: „Kannst du uns etwas über Glastonbury erzählen?" beantwortete Bartlett mit einer Zeichnung, die den Klostergrundriss mit allen Maßstabsangaben darstellte. Dann folgten eine Reihe von Mitteilungen, teils in Latein, teils in Altenglisch. Die Freunde vermuteten, dass die Botschaften, die Bartlett ohne eigenen Willen niederschrieb, von verstorbenen Mönchen stammten.

Bond glaubte zunähst an einen Scherz, denn die meisten der Hinweise standen im Widerspruch zu seinen geschichtlichen und architektonischen Kenntnissen. Dennoch machte er sich an die Arbeit und ging den Hinweisen nach. Zunächst stieß er völlig unerwartet auf eine Kapelle am östlichen Ende des Klosters, dann wurde eine unbekannte Türschwelle freigelegt und schließlich fand man eine polygonale Apsis und eine bis dato unbekannte Krypta. Bond galt bald in kirchlichen und archäologischen Kreisen als Genie. Er wurde gefeiert und die Fachblätter veröffentlichten Lobeshymnen über den findigen Archäologen. Bis zum Jahr 1918. Er hatte bis zu diesem Zeitpunkt verschwiegen, auf welche Weise er an die Kenntnisse über die verborgenen archäologischen Schätze gekommen war. Doch dann beschrieb er in einem Buch „The Gate of Remembrance" (Das Tor der Erinnerung), wie ihm die Geister der verstorbenen Mönche bei der Suche behilflich waren. Bond wurde sofort von seinem Posten abberufen. Alle archäologischen Tafeln, die er auf dem Klostergelände errichtet hatte, wurden entfernt. Seine wissenschaftlichen Abhandlungen durften im Kloster nicht mehr verkauft werden. Und dennoch: Bonds Entdeckungen blieben seine Leistung. Und die toter Mönche?

Mehr Glück mit übersinnlicher Archäologie hatte der Betriebswirt Jeffrey Goodman. Er mochte nicht an die in den 70er Jahren in den USA herrschenden Lehrmeinung glauben, die ersten Menschen hätten erst vor 16.000 Jahren auf dem amerikanischen Kontinent gelebt. Um das zu widerlegen, wandte er sich der Archäologie zu. Doch seine beschränkten archäologischen Kenntnisse reichten nicht aus, um die Beweise zu erbringen. Er kam auf die Idee, den berühmten Hellseher Aaron Abrahamsen aus Oregon einzuschalten. Der Seher beschrieb Bilder, die zu einem ausgetrockneten Flussbett in den San Francisco Peaks in der Nähe von Flagstaff (US-Staat Arizona) führten. Der Seher schilderte nicht nur die Lage eines möglichen Fundortes, er sagte auch die geologische Formation voraus, die Goodman dort finden würde. Auch der Seher berief sich auf Informationen aus dem

Jenseits. Als Goodman zu graben begann, erntete er bei den orthodoxen Archäologen nur Gelächter. In jenem Gebiet waren noch nie archäologische Funde gemacht worden. Doch das Gelächter verstummte, als Goodman von Menschenhand bearbeitete Gegenstände ans Tageslicht brachte, die mindestens 20.000 Jahre alt waren. Dies war eine archäologische Sensation. Überraschend war auch, dass 75 Prozent der geologischen Beschreibungen des Sehers zutrafen.

Poltergeister

Es knallt, kracht und poltert. Möbel wandern durch die Wohnung, es stinkt schauerlich, Gegenstände verschwinden, tauchen an anderer Stelle wieder auf: Typische Erscheinungen, wenn Poltergeister im Haus sind. Dieser Spuk, physikalisch nicht erklärbar, tritt in der Regel über längere Zeiträume auf: Wochen, Monate, manchmal auch Jahre. Das ermöglicht den Wissenschaftlern, das Phänomen zu studieren und zu untersuchen.

Von Poltergeistern wurde schon im 6. Jahrhundert aus Italien berichtet. Im 13. Jahrhundert gab es ausführliche Berichte über das gespenstische Tun von Geistern, die die Menschen zwar erschrecken, sie übel belästigen, aber keine Gefahr für das Leben darstellen. Szenen, wie sie sich im Film „Poltergeist" abspielen, haben nichts mit dem beobachteten Phänomen zu tun.

13 Monate lang, vom August 1977 bis September 1978, machte ein Poltergeist in einem Londoner Vorort einer Frau mit ihren vier Kindern das Leben zur Hölle. Aus dem Schlafzimmer kam ein Schlurfen, als ob jemand mit Pantoffeln durch das Zimmer gehe. Dann begann ein ständiges Klopfen. Die herbeigerufenen Wissenschaftler konnten mit einem ständig laufenden Tonband eine tiefe, energische Stimme hörbar machen. Diese Stimme wurde über Rundfunk der Öffentlichkeit zugänglich gemacht, und obwohl sich viele Hörer meldeten und glaubten, die Stimme erkannt zu haben, wurde sie nie identifiziert.

Doch in der Zwischenzeit blieb es nicht beim Klopfen und Schlurfen. Ein Fotograf, der die Arbeit der Wissenschaftler dokumentieren wollte, wurde aus dem Nichts heraus von einem Bauklotz am Kopf getroffen. Papier und Stofftücke entzündeten sich von selbst. Eine Schachtel Streichhölzer ging in einer Schublade von allein in Flammen auf, erlosch aber wieder von selbst, ohne weiteren Schaden anzurichten. An der Toilettentür stand eine aus Klebeband zusammengesetzte Botschaft. Bestecke verbogen und verdrehten sich. Ein Teil des Gasofens wurde vom Kamin abgetrennt und durch das Wohnzimmer geschleudert. Möbelstücke, ein Doppelbett und eine Kommode, wanderten wie von Geisterhand geschoben durch die Wohnung. Die Kinder wurden nachts von unbekannten Kräften aus ihren Betten geworfen. Die Wissenschaftler waren hilflos. Keine ihrer Theorien half gegen den Spuk. So blieb der Familie nichts anderes übrig, als sich an den Geist als Mitbewohner zu gewöhnen. Nach 13 Monaten löste sich der Spuk von selbst in Luft auf.

Im Jahr 1967 kam es im schönen bayerischen Städtchen Rosenheim zu einem außergewöhnlichen Fall eines geheimnisvollen Poltergeistes. Es spukte in der Praxis des Rechtsanwaltes Adam in der Königstraße 13. Alles begann mit Störungen in der Telefonanlage. Gespräche wurde oft grundlos unterbrochen und manchmal klingelten alle vier Apparate gleichzeitig, ohne dass jemand am anderen Ende am Apparat war. Die Post tauschte die Anlage aus und ein Messgerät wurde installiert. Doch dieses

Gerät zeigte dutzende von Anrufen an, die nie geführt worden waren. Die Zeitansage war in fünf Wochen fast 600mal angerufen worden, obwohl die Wahlscheiben gesperrt waren und nur Anwalt Adam einen Schlüssel besaß.

Am 20. Oktober 1967 erloschen alle Lampen des Büros mit lautem Krachen. Jede der Neonröhren war um 90 Grad gedreht und der Kontakt unterbrochen worden. Ein Elektriker ersetzte die Röhren. Als er gerade seine Leiter zusammenpacken wollte, knallte es wieder, die Röhren hatten sich erneut gedreht.

Nun interessierte sich der Freiburger Professor Hans Bender, erster Lehrstuhlinhaber für Parapsychologie in Deutschland an der Uni Freiburg, für den Fall. Als er ankam, stand plötzlich ein 180 Kilo schwerer Eichentisch mitten im Raum und keiner wusste, wie er dort hingekommen war. Bender kam in Begleitung von zwei Physikern des Max-Planck-Institutes für Plasmaphysik in München. Die Wissenschaftler kamen mit eigenen Prüfgeräten und Bender installierte Kameras und Tonbandgeräte.

Gleich zu Beginn seiner Untersuchungen fiel Bender auf, dass die außergewöhnlichen Erscheinungen nur dann auftragen, wenn die 19jährige Anwaltssekretärin Annemarie S. im Haus war. Bender konzentrierte sich auf das junge Mädchen und machte außergewöhnliche Bilder. Er konnte im Film festhalten, dass die Lampen an der Decke sofort hin- und her schwankten, wenn das Mädchen das Büro betrat Er filmte auch, dass sich dann Bilder an den Wänden um 360 Grad drehten. Bald hatte der Professor neben Film- und Tonaufnahmen etwa 40 Zeugenaussagen beisammen, die zweifelsfrei erwiesen, dass es sich bei dem Fall um Psychokinese handelte. Darunter versteht man ein psychisches Einwirken auf materielle Dinge. Fähigkeiten dieser Art haben nur ganz wenige Menschen und fast alle setzten sie nur unbewusst ein.

Benders Forschen ergab, dass Annemarie eine persönliche Krise erlebt hatte. Sie war mit einem Elektroingenieur verlobt gewesen, mit dem sie gern zum Kegeln ging. Als einmal die automatische Aufstell-Anlage versagte, hatte er dem Mädchen die Schuld gegeben und die Verlobung gelöst. Das hatte in Annemarie eine emotionale Krise ausgelöst, die ihre psychokinetischen Kräfte noch verstärkte. Annemarie bekam die Kündigung. Von Stund' an herrschte wieder Ruhe in der Anwaltspraxis. Doch für das Mädchen begann eine schwere Leidenszeit. Sie verlor eine Stellung nach der anderen, entweder, weil etwas Außergewöhnliches passierte oder ihr Unverständliches in die Schuhe geschoben wurde. Erst als sie nach München zog, wurde es ruhig um sie. In der Anonymität der Großstadt fand sie ihren Frieden.

Die Macht des Geistes: Grenzenlos

Jeder normale Mensch hat fünf Sinne: Sehen, Hören, Riechen, Schmecken und Tasten. Aber es gibt auch Menschen, die noch mehr haben: den sogenannten 6. Sinn. Dies ist die volkstümliche Bezeichnung für Außersinnliche Wahrnehmungen – kurz ASW. Es ist inzwischen auch bei den skeptischen Wissenschaftlern unbestritten, dass es ASW gibt. Zu ASW gehören unter anderem die Telepathie, das Hellsehen, das „Zweite Gesicht" (Wahrnehmung eines Gegenstandes oder Vorgangs außerhalb der normalen sinnlichen Vermittlung), Ahnungen, Fernwissen oder Psychokinese.

Der Begriff ASW stammt von dem amerikanischen Wissenschaftler Professor Dr. D. B. Rhine, der als erster in Versuchen die Existenz der ASW nachwies. Er hatte sich zunächst mit der Telepathie befasst, die fälschlicherweise auch Gedankenübertragung genannt wird. Schon 1937 unternahm die „Amerikanische Gesellschaft für psychische Forschung" ein Experiment. Es war der Versuch eines Gedankenaustausches zwischen dem australischen Arktisforscher Hubert Wilkins, der eine Expediten zum Nordpol führte, um einen notgelandeten russischen Piloten zu finden, und dem amerikanischen Telepathie-Forscher Harold Sherman. Dreimal in der Woche sandte Wilkins seine Gedanken zu ganz bestimmten Zeiten. Sherman führte hierüber Buch. Der New Yorker Forscher tat das gleiche. Auch er schrieb penibel alles auf, was er in Gedanken gesandt hatte.

Nach jedem „Gedankengespräch" über tausende von Kilometern hinweg übermittelten beide Berichte an die Gesellschaft für psychische Forschung. Dort stellte man fest, dass mehr als 80 Prozent der Eintragungen von Wilkins und Sherman übereinstimmten. Manchmal gelang Sherman eine Art Fernseh-Telepathie: Am 11. November 1937 sah er vor seinem geistigen Auge, dass das Flugzeug von Wilkins von einem Schneesturm zur Landung gezwungen wurde. Und anschließend empfing Sherman Bilder, die Wilkins im Smoking auf einem Ball Walzer tanzend zeigten. Zehn Tage später stellte sich heraus, dass sich wirklich das ereignet hatte, was Sherman gesehen hatte. Wilkins erzählte, dass seine Maschine während eines Fluges nach Saskatchewan wegen eines Schneesturmes in der Stadt Regina notlanden musste. Der dortige Gouverneur hatte Wilkins zum Ball anlässlich des Waffenstillstandstages eingeladen und ihm einen Smoking geliehen, in dem Wilkins Walzer tanzte.

Telepathie kommt aus dem Griechischen und bedeutet „Ferne erfahren" oder auch „Ferne erleiden". Die amerikanische und die sowjetische Militärforschung haben sie zu Mitteln der Information ausgebaut. Sowjetische Fachorgane berichteten häufig darüber, dass es der Flotte gelungen sei, über Telepathie U-Boote in allen Teilen der Welt erreichen zu können.

Zu ASW gehören auch Ahnungen. Es gibt tausende bestätigter Berichte, wonach Ahnungen Menschenleben retteten. Zum Beispiel Lena Liebowitz aus Brooklyn (New York). Ihre Tochter hatte sich ein Radio gekauft und es mangels eines Nachttisches auf ein Regel oberhalb ihres Bettes gestellt. Monate lang ging alles gut. Doch dann konnte Frau Liebowitz nicht einschlafen, da sie ein schreckliches Bild vor Augen hatte: Sie sah, dass die Radioschnur um den Arm der Tochter gewickelt war. Als das Mädchen sich umdrehte, wurde das Gerät herabgezogen und zerschmetterte seinen Kopf. Dieses Bild empfand die Mutter so real, dass sie in das Zimmer der Tochter stürzte. Der Arm lag genauso an der Wand, wie die Mutter es gesehen hatte. Die Schnur war darum geschlungen. Mit der nächsten Bewegung hätte sie das Gerät vom Regal gerissen und es wäre auf ihren Kopf gefallen. Die Mutter weckte die Tochter vorsichtig auf und rettete so ihr Leben.

Manchmal ist es nur ein ungutes Gefühl, dass etwas passieren könnte, das Schreckliches verhindert. Am 30. Juli 1963 machte Royce Atwood Wight aus Miami (US-Staat Florida) ein Schläfchen in seinem kleinen Haus. Er wachte plötzlich auf und rannte, ohne zu wissen warum, ins Freie. Sekunden später krachte eine zwölf Meter hohe und drei Tonnen schwere Betonsäule, die bei seinem Haus aufgestellt wurde, durch das Dach und zerstörte das Sofa, auf dem Wigth noch vor Sekunden geruht hatte. „Ich hatte wohl einen Schutzengel", war seine einzige Erklärung.

Seit Urzeiten gibt es Berichte über Menschen, die zukünftige Ereignisse vorhersehen können, einige nennen es die Gabe des „Zweiten Gesichts". In alten Kulturvölkern hatten die „Seher" eine herausragende Stellung. Bei den vorchristlichen Hebräern hatten sie einen ähnlichen Rang wie heute der Papst bei den Katholiken. Heute gelten Seher nicht mehr als gesellschaftsfähig. Obwohl es immer wieder erstaunliche Fälle gibt, die das „Zweite Gesicht" bestätigen. Dem britischen TV-Star Michael Bentine rettete es das Leben. Wenige Tage vor einer geplanten Reise sah er vor seinem geistigen Auge seinen eigenen Unfall voraus. Er sah einen Wagen mit hoher Geschwindigkeit in eine scharfe Kurve fahren und unmittelbar vor ihm erschienen die Scheinwerfer eines anderen Wagens. Es kam zum Zusammenstoß und zu einer Explosion. Bentine fuhr dennoch los. Eine ihm unbekannte Straße mündete plötzlich in eine scharfe Kurve. Er bremste sofort. Gerade noch rechtzeitig, um die Scheinwerfer des Wagens zu sehen, mit dem er mit Sicherheit zusammengeprallt wäre, wenn er die Warnung nicht beachtet hätte.

Übersinnliche Dtetektive

Viele Wissenschaftler sind der Meinung, Hellsehen sei wie andere außersinnliche Wahrnehmungen eine den Menschen verloren gegangene Fähigkeit. Viele Hellseher der Neuzeit haben in der Tat ihre Gabe plötzlich verloren. Darunter der „Große Cheiro", der der amerikanischen Polizei häufig bei der Aufklärung von Verbrechen half. Cheiro verlor die Gabe im Jahr 1906. Er starb 1936, ohne sie wiederbekommen zu haben. Andererseits wurde der Holländer Peter van der Hurk plötzlich zum Hellseher, als er 1941 in einem deutschen Kriegsgefangenenlager bei Rotterdam von einer Leiter fiel und einen Schädelbasisbruch erlitt. Als er im Krankenhaus erwachte, bemerkte er zu seinem Erstaunen, dass er die Gedanken anderer Menschen lesen konnte. Von da an war er zu keiner normalen Arbeit mehr fähig, da er sich wegen der parapsychologischen Fähigkeiten nicht mehr konzentrieren konnte. Er nannte sich Hurkos und wurde zu einem der bekanntesten Hellseher unserer Zeit. Auch er stellte seine Fähigkeiten in den Dienst der Polizei.

Einen seiner spektakulärsten Fälle feierte er in Miami (US-Staat Florida). 1958 wurde er um Hilfe bei der Aufklärung eines Taximordes gebeten. Er setzte sich in das Auto des Opfers, schloss die Augen und beschrieb den Täter in allen Einzelheiten. Den Namen gab Hurkos mit „Smitty" an. Überdies erklärte er zur Überraschung der Polizei, dass „Smitty" einen zweiten Mann in Miami umgebracht hätte und beschrieb die Tatumstände.

Es hatte tatsächlich ein derartiges Verbrechen gegeben. Doch die Polizei hatte es nicht im Zusammenhang mit dem Taximord gesehen. Ein paar Tage später verhaftete die Polizei auf Grund der Beschreibung durch Hurkos einen Seemann mit dem Namen Charles Smith. Sein Spitzname war „Smitty". Er gestand sowohl den Taximord als auch das zweite Verbrechen.

Hurkos spürte Dutzende von vermissten Personen auf. Eines seiner besonderen Talente bestand darin, dass er beim Berühren von Gegenständen den Eigentümer exakt beschreiben konnte. Niemand konnte sich die unheimlichen Fähigkeiten des Holländers erklären. Am wenigsten er selber.

Manchmal braucht die Polizei keine Hilfe fremder Hellseher. Sie hat selbst welche in ihren Reihen. Im Herbst 1960 meldete der Polizeifunk in Grosse Pointe Woods (US-Staat Michigan) einen Überfall. Die Beschreibung der Täter war äußerst ungenau, da die Opfer, das Ehepaar Lamberti, einen Schock erlitten hatte. Der Räuber war mit 30.000 Dollar und wertvollen Juwelen entkommen. Die Polizisten Don Sabel und Robert Sass fuhren Streife, als die Meldung kam.

Ohne einen Grund anzugeben, befahl Officer Sabel seinem Kollegen in die Mack Street einzubiegen. Dann ließ Sabel den Wagen anhalten, sprang aus dem Auto und nahm einen Mann fest, der eben in ein Restaurant gehen wollte. Bei einer Leibesvisitation fanden die Polizisten die geraubten Juwelen und die Dollars. Während noch eine Großfahndung lief, brachte Officer Sabel den Täter bereits zum Revier. Dies was nichts neues. Sabel hatte schon oft Verdächtiger innerhalb von Minuten festgenommen. Er hatte dafür schon eine Menge Auszeichnungen und Beförderungen erhalten. Er selber sagte: „Irgend etwas sagt mir, wer und wo der Täter ist. Wenn ich ihn dann habe und befrage, ist mir schnell klar, dass er es wirklich ist. Warum? Ich weiß es nicht." Wissenschaftler ordnen diese Art von Polizeiarbeit als „Fernwissen" ein.

Wissen aus der Ferne

Fernwissen ist eines der unerklärlichsten Phänomene überhaupt und mit der Telepathie nur entfernt verwandt. Überprüfbare Berichte über erstaunliche Fälle von Fernwissen sind in der Forschung zu Hunderten gesammelt. Im Jahr 1759 wurde drei Tagesreisen von Stockholm entfernt ein Fest gefeiert. Geladen waren die Spitzen der Gesellschaft. Exakt um sechs Uhr geriet einer der Gäste in Panik und rief: „Ein Feuer ist in Stockholm ausgebrochen. Es breitet sich immer weiter aus und ist ganz nah an meinem Haus." Der Mann war so verzweifelt, als ob er das Feuer vor sich sehe. Die anderen Gäste waren ratlos. Um 20 Uhr beruhigte sich der Gast: „Das Feuer ist unter Kontrolle. Es ist drei Häuser vor meinem gestoppt worden." Bei dem in den Augen der übrigen Gäste hysterischen Gast handelte sich um Professor Emanuel Swedenborg, der noch heute als einer der größten schwedischen Wissenschaftler gilt.

Drei Tage vergingen. Dann erreichte ein reitender Bote aus Stockholm das Schloss, in dem das Fest stattfand. Hier der Bericht des Boten: „Genau um sechs Uhr brach in Stockholm vor drei Tagen ein Feuer aus. Nach zwei Stunden war es unter Kontrolle. Drei Häuser vor dem Haus des Wissenschaftlers Swedenborg konnte das Feuer aufgehalten und gelöscht werden." Augenzuge und Chronist dieses Ereignisses war ein anderer berühmter Gast des Festes: der deutsche Philosoph Immanuel Kant.

Eindrucksvoll ist das Fernwissen-Erlebnis des Journalisten Byron Some dokumentiert. Some war Redakteur bei der renommierten Zeitung „Boston Globe". Während einer unbeliebten Nachtschicht war er in der Redaktion eingeschlafen. Als er um drei Uhr früh aufwachte, hatte er das Gefühl aus einem schrecklichen Erlebnis herausgerissen worden zu sein. Er hatte Schreie der Unglücklichen noch im Ohr, die in einen kochenden Ozean stürzten. Ströme von geschmolzenem Felsgestein flossen die Berghänge herab und begruben Dörfer, Farmen und Menschen unter sich. Dann schien eine ganze Insel zu explodieren. Eine gewaltige Fontäne von Feuer, Steinen und Erde schoss gen Himmel. Dort, wo Some kurz zuvor eine wunderschöne Insel gesehen hatte, gab es nur noch kochende See.

Some hatte den Eindruck, einen sehr intensiven Traum gehabt zu haben. Er setzte sich an die Schreibmaschine und schrieb die im Traum erlebte Geschichte des Vulkanausbruchs und des anschließenden Unterganges eines Teils der Insel bei Java auf. Er wusste sogar den Namen der Todesinsel: Pralape. Er hatte nie zuvor davon gehört, hatte sich im Traum aber sogar die geographische Lage gemerkt. Als die Story fertig war, schrieb er aus Gründen, an die er sich später nicht mehr erinnern konnte, „Wichtig!" darüber und legte sie auf seinen Schreibtisch.

Der Frühredakteur fand das Manuskript, las es und hielt Somes Aufzeichnungen für einen Bericht, der in der Nacht eingegangen war. Keine Agentur hatte bisher über die Katastrophe berichtet. Also beschloss die Redaktion, diese Exklusivgeschichte groß aufzumachen. Und um ihren Vorsprung vor der Konkurrenz deutlich zu machen, gab sie die Geschichte für die Presseagentur AP (Associated Press) frei. Die Agentur verbreitete die Nachricht weltweit. Die Story war am 29. August 1883 die Sensation in allen Erdteilen. Doch bald stellte sich heraus, dass es eine Insel Pralape überhaupt nicht gab. Und als Some gestand, die Geschichte nur im Traum erlebt zu haben, wurde er fristlos entlassen. Der „Boston Globe" wollte sich entschuldigen und hatte schon einen entsprechenden Text mit dem Bild des „Sünders" auf der Titelseite vorgesehen, als plötzlich riesige Wellen an die Küsten er USA donnerten, Meldungen über verschwundene Schiffe häuften sich, auf vielen asiatischen Inseln waren Tausende zu Tode gekommen.

Eine Flutwelle lief um den ganzen Globus. Schiffe trafen in den großen Häfen ein, deren Mannschaften von einer gewaltigen Katastrophe berichteten: Die Insel Krakatau war nach einem Vulkanausbruch explodiert – die wahrscheinlich größte Katastrophe der neueren Zeit. Der „Boston Globe" schaltete schnell. Auf dem Platz mit der Entschuldigung auf Seite 1 wurde nun Some als der einzige Reporter gefeiert, der von der Katastrophe in der Sundastraße wusste. Wie er zu seinen Informationen gekommen war, verschwieg das Blatt freilich. Wissenschaftler, die sich mit dem Fall Some beschäftigten, sprachen zunächst von Vorauswissen, korrigierten ihre Meinung aber nach Bekanntwerden der Einzelheiten. Es war zweifellos Fernwissen.

Die Insel Krakatau war am 27. August 1883 zum erstenmal erschüttert worden. Am folgenden Tag wurde sie von der Explosion zerrissen. Am 29. August versank die Hälfte der Insel im Meer. Die schrecklichen Szenen waren in Somes Bewusstsein in dem Augenblick aufgetaucht, als sie sich ereigneten. Im übrigen: Drei Jahre nach dem Ereignis schickte die Holländische Historische Gesellschaft eine sehr alte Karte an den „Boston Globe", auf der Krakataus alter Name verzeichnet war: Pralape.

Eine andere, unerklärliche Form des Fernwissens ist die Gabe einiger Menschen, aus leblosen Gegenständen deren Herkunft, Geschichte oder Umgebung lückenlos zu lesen und zu schildern.

Einer von ihnen war Gerard Croiset (1910 - 1980), ein holländischer Hellseher und Heiler. 1953 beschrieb er anhand eines kleinen Knochenstückes die Höhle, in der der Knochen gefunden wurde und ihre Umgebung – ohne zu wissen wo der Knochen herstammte. Er berichtete auch über die Menschen, die in der Höhle gelebt hatten und über ihre religiösen Zeremonien, bei denen der Knochen eine Rolle spielte.

Croiset wurde von niemandem ernst genommen. Bis der Finder des Knochens, der Rektor der Universität Witwatersrand in Südafrika, Croisets Schilderungen bestätigte. Er hatte den Knochen in einer Höhle in Lesotho gefunden war überrascht, wie präzise Croiset Höhle, Bewohner und Umgebung geschildert hatte.

Noch viel erstaunlicher waren die Fähigkeiten des polnischen Ingenieurs Stefan Ossowiecki, der in den 40er Jahren an der Warschauer Universität auf Herz und Nieren geprüft wurde. Ossowiecki war im Stande, durch das Berühren eines Gegenstandes aus grauer Vorzeit die damalige Welt wie ein Augenzeuge zu beschreiben. Er hatte keinerlei Kenntnisse von Archäologie oder Frühgeschichte. Dennoch konnte er nach dem Berühren einer 15.000 Jahre alten Speerspitze eine genaue Beschreibung des täglichen Lebens im Paläolithikum (Altsteinzeit), der Lebensart der damals existierenden Menschen, ihrer Kleidung und ihres Aussehens geben.

Ein Professor für Ethnologie an der Warschauer Universität, Stanislaw Poniatowski, und sein Team überprüften den Ingenieur in mehr als 30 Versuchen mit Gegenständen aus den Museen. Es handelte sich um Knochen, Angelhaken, Werkzeuge, Schmuckstücke oder keramische Figuren, die aus verschiedenen Epochen, unter anderem aus der Neandertal-Kultur, stammten. Laien hätten die Gegenstände nicht einmal identifizieren können.

Doch Ossowiecki sprach über die Epochen, in denen sie entstanden waren, als ob er gerade darin lebte. Je öfter er die Gegenstände berührte, um so umfangreicher wurden seine Schilderungen. Die Wissenschaftler staunten, da er häufig mehr wusste als sie. Später stellte sich heraus, dass der Ingenieur auch über Tatsachen berichtete, die der Wissenschaft in den 40er Jahren gar nicht bekannt waren und es erst nach Ossowieckis Tod wurden.

Eine Erklärung für dieses Phänomen, durch bloßes Berühren von Gegenständen Hunderttausende von Jahren in die Vergangenheit zu reisen, ist bis heute nicht gefunden worden.

Maria Zierold aus Mexiko galt in den 20er Jahren in ihrer Heimat als „gute Hexe", weil sie ein paar Fetzen Papier erstaunliche Aussagen entlocken konnte. Die „American Society for Psychical Research" nahm die einfache Frau, die nicht einmal lesen konnte, unter die Lupe. Man gab ihr in einem versiegelten Umschlag ein Stück Papier. Maria Zierold erkannte das Papier als Stück eines Briefes einer Flaschenpost. Sie konnte auch sagen, wer die Flaschenpost ins Meer geworfen hatte, und sie nannte Eigenschaften und Charakter des Absenders. Die Frau des inzwischen verstorbenen Flaschenpost-Senders bestätigte die Angaben der Mexikanerin.

Noch überraschender war für die Forscher die Deutung eines Briefes, der an den Leiter der Untersuchungskommission, Harry Prince gerichtet war. Obwohl Maria Zierold auch diesen Brief in einem versiegelten Umschlag in Händen hielt, konnte sie 38 Einzelheiten des Charakters und der Eigenschaften des Schreibers nennen. Alle diese Einzelheiten wurden vom Schreiber des Briefes als richtig bestätigt.

Im Dezember des Jahres 1967 kam Dorothy Allison zur Polizei in Nutley (US-Staat New Jersey) und erzählte von einer unheimlichen Vision: Sie habe den Körper eines kleinen Jungen gesehen, der in einem Abflussrohr steckte. Das Kind sei grün gekleidet gewesen und hätte die Schuhe seitenverkehrt getragen. Im Hintergrund habe sie eine graue Mauer gesehen und ein Gebäude mit goldenen Buchstaben und eine Hausnummer 8.

Niemand nahm die Frau ernst. Die Polizei schickte sie wieder nach Hause. Doch zwei Monate später entdeckte die Polizei die Leiche des fünfjährigen Michael Kurcis in einem Abflussrohr in Clifton. Der Junge war mit einem grünen Skianzug bekleidet, die Schuhe trug er seitenverkehrt. In der Nähe war ein graues Haus, eine Fabrik mit goldener Schrift und eine Schule mit der Hausnummer 8. Alles so, wie es Frau Allison gesehen hatte. Von nun an half sie der Polizei, wo sie nur konnte. Mit ihrer Hilfe war es möglich, 26 vermisste Personen wiederzufinden und sechs Mordfälle aufzuklären.

Der „schlafende Prophet"

Der Amerikaner Edgar Cayce, der „schlafende Prophet", gilt bis heute besonders bei Medizinern, als ein unerklärliches Wunder. Der ungebildete Bauernsohn (1877 - 1945) war kein Wunderheiler. Aber er stellte in Trance derart exakte Diagnosen, dass die Schulmedizin die Kranken heilen konnte. Trotz großer Erfolge war er am Anfang seiner Tätigkeit bei den Medizinern auf große Skepsis gestoßen. Erst ein sehr positiver Bericht des bekannten Homöopathen Dr. Wesley Ketchun veranlasste prominente amerikanische Ärzte das Phänomen zu überprüfen.

Ketchun forderte die amerikanischen Ärzte auf einem Kongress auf, Cayce ihre schwierigsten Fälle vorzutragen. So trafen sich sieben berühmte Ärzte in Hopkinsville (US-Staat Kentucky) in der kleinen Wohnung von Edgar Cayce. Der legte sich völlig entspannt auf das alte Ledersofa und kreuzte die Hände – Handflächen nach oben – über der Stirn. Die Augenlider flatterten leicht. Die Ärzte nannten einer nach dem anderen die Namen ihrer Patienten, nur den Namen und den Orts, wo sie sich zur Zeit aufhalten. Mehr nicht. Das genügte Cayce. Die Diagnosen des in Trance ruhenden Edgar Cayce kamen ruhig, genau in der richtigen Terminologie, selbst aus Gebieten der Medizin, von denen Cayce außerhalb der Trance kein Wort verstehen würde. Nur einmal wurde Cayce unruhig. Als ihm der vierte Name genannt wurde, warf sich Cayce hin und her und murmelte: „Wir finden keine Person mit diesem Namen."

Der Arzt, der den Namen genannt hatte, flüsterte den Kollegen zu, er habe einen nicht existierenden Namen genannt, um Cayce zu überführen.

Dann nannte der Arzt Dr. A. Layne den Namen eines fünfjährigen Mädchens: Aime Dietrich. Das Mädchen hatte mit zwei Jahren einen schweren Grippeanfall gehabt und war darauf zwar körperlich weiter gewachsen, aber ihre geistige Entwicklung blieb zurück. Sie lernte nicht zu sprechen, erkannte ihre Eltern nicht mehr, vegetierte dumpf vor sich hin. Viele Ärzte hatten sich erfolglos um Aimes Heilung bemüht. Drei Jahre später verschlechterte sich der Zustand des Mädchens dramatisch. Die Ärzte hatten sie eigentlich schon aufgegeben.

Edgar Cayce stellte sofort die Diagnose: Einige Tage, bevor Aime die Grippe bekam, sei sie aus dem Kinderwagen gefallen (was die Eltern später bestätigten). Keime der Grippe hätten sich in der Wirbelsäule festgesetzt, sie verursachten Krampfanfälle (bestätigt). Der Arzt solle den Wirbel in die richtige Lage rücken, dann träte eine schnelle Besserung ein. Dr. Layne begann nach seiner Rückkehr mit der empfohlenen Behandlung. Schon nach einer Woche zeigten sich erste Zeichen von Besserung. Nach einem Vierteljahr hatte Aime die geistige Stufe ihrer Alterskameraden erreicht. Das Mädchen war geheilt.

Auch die Patienten der übrigen Ärzte wurden, so weit es überhaupt möglich war, von ihren Leiden geheilt. Und in der

Folge wandten sich immer mehr Ärzte an den „schlafenden Propheten", wenn sie nicht weiter wussten. Die Erfolge des Heilers waren so enorm, dass eine medizinische „Association for Research and Enlightment" gegründet wurde, die alle Heilerfolge von Edgar Cayce sammelte. Es waren 14.000 gesicherte und beglaubigte Heilungen.

Doch plötzlich verlor Cayce seine Gabe. Er hatte immer von einem kleinen Hospital geträumt, wo Ärzte nach seinen Diagnosen heilen könnten. Da er für seine Diagnosen nie Geld genommen hatte, war er ein armer Mann geblieben. So nahm er den Auftrag einer Ölfirma an, seine Gaben in ihren Dienst zu stellen. Mann versprach ihm eine Umsatzbeteiligung, wenn er Öl fände. Zunächst fand er in der Tat unbekannte Ölfelder, wo sie niemand vermutet hätte. Doch dann verschwand seine Gabe mehr und mehr. Er konnte nicht nur nicht mehr heilen, sondern auch kein Öl mehr finden. Er verließ die Ölgesellschaft und widmete sich wieder den Kranken. Und seine Gabe kam tatsächlich zurück. Zwei Jahre später wurde sein Traum Wirklichkeit. In Virginia Beach (US Staat Virginia) konnte er sich dank zahlreicher Spenden ein Krankenhaus mit 30 Betten bauen. Dort arbeitete er bis zu seinem Tode im Jahr 1945 mit großem Erfolg.

Fliegen ohne Flügel

Es gibt Menschen, für die die Naturgesetze nicht zu gelten scheinen, beispielsweise die Anziehungskraft der Erde. Die Wissenschaft bezeichnet das Phänomen als Gravitationsrätsel. Es gibt allein 230 katholische Heilige, für die Schwerkraft nicht zu existieren schien, da von ihnen berichtet wird, dass sie fliegen konnten.

Fliegen ist vielleicht einfacher, als man es sich vorstellt. Jedenfalls schien das bei Daniel Dunglass Home (1833 - 1866) so, der fliegen konnte, aber erst mehr durch Zufall dieses Talent entdeckte. Bei dem Seidenfabrikanten Ward Chenney in Harford (US-Staat Connecticut) war die bessere Gesellschaft zu einer spiritistischen Gesellschaft geladen, wobei der neunzehnjährige Home als Medium vorgesehen war. Nun geschah aber etwas, das die Gäste noch nie gesehen hatte, und das Home auch noch nie passiert war. Er schwebte plötzlich unfreiwillig über dem Boden. Der Herausgeber der „Hartford Times" hielt das Ereignis für seine Leser fest: „Plötzlich, für alle überraschend, erhob sich Home in die Luft. Ich hielt gerade seine Hand und berührte seine Füße, die sich etwa 30 Zentimeter vom Boden entfernt hatten. Er zitterte am ganzen Körper und war gepackt von widerstreitenden Gefühlen der Freude und der Angst, die sich in seinem Gesicht ausdrückten. Immer wieder erhob er sich unfreiwillig vom Boden. Beim dritten Mal schwebte er bis an die Decke, die er mit Händen und Füßen leicht berührte."

Das war der Beginn der Karriere eines der außergewöhnlichsten Phänomene. Home lernte „bewusst" zu schweben, und vollführte seine Kunststücke vor Tausenden von Menschen, darunter berühmte Persönlichkeiten und Skeptiker, die er von seinen Fähigkeiten überzeugte, darunter Kaiser Napoleon III., Fürst Metternich, die englische Königin, Mark Twain, Thackeray, Ruskin, Rosetti und Bulver-Lytton.

Mit der Zeit war er nicht nur fähig zu fliegen, er konnte auch Gegenstände durch seinen Willen fliegen lassen. So schwebten schwere Möbel durch den Raum, häufig sogar Konzertflügel. Oder er begann auf weit entfernten Musikinstrumenten zu spielen. Er war unempfindlich gegen Feuer und konnte Dinge verschwinden lassen und wieder herbeizaubern. Er konnte auch in Sesseln sitzende Damen oder Herren schweben lassen.

Home machte vor vielen Zuschauern selbst außergewöhnliche Flüge. So schwebte er am 13. Dezember 1868 aus einem Fenster im dritten Stockwerk von Ashley House in Belgravia (London) ins Freie und flog durch ein anderes Fenster wieder hinein. Die europäischen Königs- und Fürstenhäuser baten Home an ihren Hof, um sich von dem Phänomen zu überzeugen. Natürlich versuchten viele Neider, ihn des Betruges zu überführen . Doch es gelang niemandem. Home produzierte sich grundsätzlich in strahlend hellen Räumen, aber auch in Parks und Gärten, um jeden Vorwurf der Täuschung zu entkräften. Geduldig und gern stellte sich Home immer wieder für wissenschaftliche Untersuchungen zur Verfügung und wurde von den bekanntesten Wissenschaftlern seiner Zeit untersucht und geprüft. Niemand konnte feststellen, welche phänomenale Kräfte Home zur Verfügung standen.

Wilhelm Crookes, Präsident der Englischen Gesellschaft für wissenschaftlichen Fortschritt schrieb im „Quarterly Journal of Science," dem damals bedeutendsten Wissenschaftsblatt: „Diese Phänomene, die ich hier bestätigen kann, sind so außergewöhnlich und den fest verwurzelten Prinzipien des wissenschaftlich Möglichen – wozu auch die Allgegenwart und Unveränderlichkeit der Schwerkraft gehören – so entgegengesetzt, dass selbst jetzt, wenn ich mir die Ereignisse, die ich gesehen habe, ins Gedächtnis zurückrufe, in meinem Gehirn ein Widerstreit herrscht zwischen der Vernunft, die mir sagt, dass es wissenschaftlich unmöglich ist, und dem Bewusstsein, dass meine Sinne, weder die Augen, noch die Hände, falsche Zeugen sein können."

Doch Schwerelosigkeit wurde schon zu allen Zeiten beobachtet. So bei dem zwölfjährigen Henry Jones aus Shepton Mallet in Westengland, der im Jahre 1757 als „verhext" galt, weil er schweben konnte. Er überflog leicht zehn Meter hohe Mauern.

Zu den 230 Heiligen, die fliegen konnten, gehörte auch die heilige Theresia von Avila. In ihrer Autobiographie berichtet sie darüber: „Als ich mich wehren wollte, schien mir, als würde mich eine starke Kraft unter den Füßen hochheben. (...) Ich bekenne, dass ich, vor allem beim erstenmal, sehr große Angst bekam. Es ist ein seltsames Gefühl (jedoch angenehm, wenn man sich nicht dagegen wehrt), wenn man sieht, dass der Körper sich von der Erde erhebt, obwohl der Wille ihn nach unten ziehen möchte. (...) Ich muss sagen, nachdem die Verzückung vorüber war, schien mein Körper oft so leicht zu sein, als wäre alle Schwere aus ihm gewichen."

Auch Joseph von Copertino (1603 - 1663), der als schwachsinniger Bauernjunge seine Jugend mit Selbstkasteiungen verbrachte, wurde nicht zuletzt wegen seiner Flugkünste heilig gesprochen. Mit 22 Jahren hatten ihn die Franziskaner aufgenommen. Aus purer Freude flog er auf die Spitze eines Baumes. Von den Gelehrten seiner Zeit wurden mehr als 100 Flüge bezeugt. Beim Besuch des Papstes sei er vor Freude auf den Altar geflogen und habe sich dabei an den Kerzen die Finger verbrannt. Persönlichkeiten wie Prinzessin Maria von Savoyen und König Johann II. Kasimir von Polen bezeugten das Flugwunder unter Eid.

Die Wissenschaft steht diesem Gravitationsrätsel nach wie vor ratlos gegenüber. Es gibt zwei vage Theorien: Eine außergewöhnliche Kontrolle über den Körper oder eine zeitweise Störung der Anziehungskraft der Erde. Für die erste Theorie spricht unter anderem, dass Vielflieger Home im Stande war, glühende Kohlen in die Hände zu nehmen, auf sein Gesicht zu legen ohne sich zu verletzen. Er hatte seinen Körper offenbar total unter Kontrolle.

Eine unglaubliche Kontrolle über Körper und Geist finden wir bei Yogis und Fakiren auf dem indischen Subkontinent. Die Berichte über Menschen, die sich tagelang, wochenlang, ja jahrelang freiwillig lebendig begraben lassen, klingen fantastisch und unglaubwürdig, aber sie wurden inzwischen von der Medizin in Hunderten von Fällen bestätigt.

Schon Mitte des 17. Jahrhunderts erregte ein Fall die Öffentlichkeit Arbeiter stießen beim Graben in einer Schicht brüchigen Schiefers auf ein Grab. Darin saß ein staubbedeckter Körper eines jungen Yogis, in verblichenen orangefarbenen Gewändern und mit gekreuzten Beinen. Als die Arbeiter die angebliche Leiche aus dem Grabe bergen wollten, schien die Sonne auf den Körper und er begann sich zu beleben. Kurz darauf sprach der Yogi schon mit den Arbeitern. Sein Name sei Ramaswarni und er sei vor etwa 100 Jahren freiwillig in das Grab gestiegen.

Innerhalb eines Monats verbreitete sich die Nachricht auf dem gesamten Subkontinent. Viele Inder sahen in ihr eine Bestätigung – wenn es überhaupt nötig war – für die Kraft des Yoga. Dennoch befragte eine Kommission unter Leitung des berühmten Historikers Arjun Singh ausführlich. Besonders über die Dinge, die sich vor 100 Jahren ereignet hatten, über Lebensart, Religion und auch winzige Details. Der lebendig Begrabene wusste auf jede Frage eine Antwort. Die beeindruckten Historiker hatten keinen Zweifel, dass Rasmaswami vor 100 Jahren gelebt haben musste.

Heute erscheint es einem Bewohner der westlichen Welt unmöglich, dass Menschen sich bewusst in einen totenähnlichen Zustand versetzen können. Dabei regulieren sie ihre autonomen Körperfunktionen. Es gibt Tausende Beispiele, dass sie es für Stunden, Tage, Monate ja sogar Jahre vermögen. Die Gründe dieser Selbstkasteiung sind verschieden. Der Yogi entwickelt solche Übungen, um innere und äußere Ablenkungen in seinem Streben nach höherem Bewusstsein – Samadhi (Erleuchtung) – auszuschalten. Der indische Fakir versucht dagegen lediglich seinen Körper zu beherrschen. Für ihn bedeutet das lebendig Begrabenwerden den absoluten Beweis seiner Herrschaft über Körper und Geist. Laut Andrija Puharich, einem Wissenschaftler, gehört es zu den Zielen des Fakirs, die vollständige Kontrolle über vier Zustände zu erhalten: Über das Wachen, Schlafen, Träumen und den Scheintod, den biologischen Stillstand bei einer Katalepsie (Muskelstarre), die der Fakir selber herbeiführt. Während der Zeit im Grab befindet sich in einem Zustand tiefster Meditation.

Die Ärztezeitschrift „Lancet" berichtet regelmäßig über von westlichen Mediziner beobachtete „Scheintode". Am 15. Februar 1980 erschien ein Bericht über eine besonders spektakuläre Beerdigung. Vor einer großen Zuschauermenge und zahlreichen Ärzten wurde ein „ausgemergelter" Sadhu (Heiliger) mittleren Alters namens Shri Ramdsdaji für 56 Stunden in eine kleine unterirdische Kabine eingeschlossen. Die Kammer war 1,5 mal 2,5 Meter groß, aus Beton gefertigt, mit großen Nägeln gespickt und mit einem Betondeckel verschlossen. Sieben Stunden vor

Ablauf der 56 Stunden bohrte man ein Loch in den Deckel, pumpte 6.400 Liter Wasser in die Kammer und versiegelte das Loch erneut. Nach sieben Stunden wurde das Wassergrab aufgebrochen. Der Sadhu lag unter Wasser. Aber er lebte. Und nach ein paar Minuten wieder klar und quicklebendig.

Zu welch großer Macht der menschliche Geist fähig ist, zeigt das Beispiel des Polen Wolf Gregorewitsch Messing (1891 - 1966). Nach Hitlers siegreichem Überfall auf Polen prognostizierte er dennoch eine deutsche Niederlage gegen Rußland. Seine Prophezeiung wurde von vielen Zeitungen in aller Welt abgedruckt. Die deutsche Besatzungsmacht setzte 200.000 Reichsmark auf seine Ergreifung aus und wenig später nahm ihn die Gestapo fest und kerkerte ihn in ihrem neuen Hauptquartier in Warschau ein.

Aber Messing entkam auf geheimnisvolle Weise. Wie später bekannt wurde, hatte er seinen Bewachern seinen Willen aufgezwungen. Sie liessen ihn gegen ihren Willen nach Rußland entkommen. Doch dort verhaftete ihn nun der sowjetische Geheimdienst KGB, weil es Menschen mit übernatürlichen Kräften nach offizieller Meinung in der Sowjetunion nicht geben könne. Doch Messing war inzwischen so bekannt, dass sich Stalin persönlich einschaltete und einen Prüfung der Fähigkeiten des Polen anordnete. Messing zeigte zunächst eine seiner leichteren Übungen. Er ging in eine Bank und zeigte dem Kassierer ein leeres Blatt Papier. Er sagte kein einziges Wort, und dennoch zahlte ihm der Kassierer wie selbstverständlich 100.000 Rubel aus. Bei einem weiteren Test entkam Messing aus einem Raum, der von drei verschiedenen Gruppen des sowjetischen Sicherheitsdienstes bewacht wurde. Wie bei der Gestapo zwang der Pole den Wächtern seinen Willen auf. Er schaffte es auch, in das stark gesicherte Landhaus Stalins zu gelangen, indem er den Wächtern suggerierte, er sei Berija, der Chef der Sicherheitsdienste.

Messing wurde nun zum „Staatsgeheimnis" erklärt und diente von nun an Stalin als parapsychologische „Geheimwaffe". Was er genau tat ist nicht bekannt, weil seine Akten noch nicht veröffentlicht wurden. Er muss aber sehr hilfreich gewesen sein. Denn als Messing 1966 starb, wurde er in Anwesenheit vieler hoher sowjetischer Militärs beerdigt.

Während des Kalten Krieges hat die Sowjetunion intensiv mit außersinnlichen Wahrnehmungen experimentiert und ist dabei auf Menschen gestoßen, deren Gaben außergewöhnlich waren. Doch die Erfolge der Forschung wurden geheim gehalten und werden auch heute noch nicht publiziert. Nur hin und wieder durften westliche Wissenschaftler einen Blick hinter den Vorhang tun.

So bei Nina Kulagina aus Moskau, ein parapsychologisches Multitalent. Für sie scheinen überhaupt keinen physikalischen Gesetze zu gelten. 1967 gaben die Sowjets einen Dokumentarfilm frei, der phänomenales zeigte: Nina spreizt die Finger etwa 15 Zentimeter über einem Kompass. Nach wenigen Minuten steht

Schweiß auf ihrer Stirn. Die Hände er pummeligen unscheinbaren Frau beschreiben nun Kreise über dem Kompass. Die Nadel trotzt der magnetischen Anziehungskraft der Erde und folgt ihren Händen. Immer schneller, bis sie wie der Sekundenzeiger einer Uhr den Händen nacheilt.

In anderen Szenen des Filmes schafft es Nina Kulagina Balken von Waagen aus der Ferne nieder zu drücken, Kugeln, Zigaretten oder Holzwürfel aus der Entfernung in Bewegung zu setzen, einen Tischtennis-Ball frei in der Luft schweben oder eine 235 Gramm schwere Vase von einem Regal fallen zu lassen. Das ist Telekinese, sie kann durch die Kraft ihres Geistes auf Gegenstände einwirken und sie bewegen.

Während dieser Versuche wurde sie vermessen, gewogen, und zahlreichen Tests unterworfen. Dabei wurde festgestellt, dass Kulaginas elektromagnetisches Feld „in Ruhe" zehnmal so stark ist wie bei normalen Menschen. Wenn sie ihre Fähigkeiten aktivierte, verstärkte sich das noch mehr. Das elektrische Potential im hinteren Teil des visuellen Bereich ihres Gehirns war 50 Mal größer als im vorderen Bereich. Bei normalen Menschen beträgt die Differenz nur das drei- bis vierfache.

Doch die Kulagina verfügte noch über eine Reihe weiterer außergewöhnlicher Eigenschaften. Sie hatte ihr Leben damit gelebt, als sei es selbstverständlich. Erst 1964, als sie nach einem Nervenzusammenbruch im Krankenhaus war, fiel den Ärzten auf, dass Nina Kulagina mit absoluter Sicherheit ohne Hinzuschauen immer genau das Nähgarn aus dem Korb griff, das sie gerade brauchte.

Es stellte sich heraus, dass sie schon immer Gegenstände „sehen" konnte, die sich in fremden Taschen befanden. Sie erkannte auch Krankheiten auf Anhieb, wenn sie den Betroffenen gegenüberstand. Sie erkannte Farben mit den Fingerspitzen und konnte mit den Fingern Zeitung lesen.

Wunden schlossen sich, wenn Nina sie mit ihren Händen berührte. Ein junger, an den Beinen gelähmter Mann konnte nach der Behandlung durch Nina Kulagina wieder gehen. Sie war auch in der Lage, unbelichtete Filme in Kameras mental so zu beeinflussen, dass nach dem Entwickeln zu sehen war, woran sie dachte, als sie sich auf die Aufgabe konzentrierte.

Man wusste, dass Nina Kulagina diese Häufung von Gaben besaß. Man wusste, was sie machte. Doch keiner wusste wie.

Riesen, Zwerge und andere Rätsel

In Märchen, Mythologien und Legenden der ganzen Welt erscheinen Riesen und Zwerge. Sie sind oft gutmütig, oft böse. Die Bibel berichtet vom Sieg Davids über den Riesen Goliath, einem Triumph über die rohe Gewalt, der seither als Symbol des Sieges des Guten über das Böse gilt.

Riesen, gab's die? Mit Sicherheit. Alle diese Geschichten scheinen reale Grundlagen zu haben. Wissenschaftler fanden bei Brayton (US-Staat Tennessee) menschliche Fußspuren von immenser Größe. Die Spuren waren 25 Zentimeter breit und zeigten sechs Zehen. Im klassischen Stammbaum des Menschen sucht man das dazu gehörende Wesen vergebens.

Im Havasupai-Canyon des Grand Canyon gibt es ein rätselhaftes Felsenbild. Es zeigt einen riesenhaften Menschen im Kampf gegen ein Mammut. Die Darstellung ist von einer Eisenschicht bedeckt, was auf ein hohes Alter schließen lässt. 1833 fanden Soldaten, die in Lampock (US-Staat Kalifornien) ein Loch für ein Pulvermagazin aushoben, das Skelett eines Menschen, der zu Lebzeiten fast vier Meter groß gewesen sein muss. Das Skelett war mit Muschelschalen und Steinen mit nicht zu entziffernden Zeichen umgeben. Außerdem befand sich eine riesige Streitaxt in dem Riesengrab. Das Skelett hatte in Ober- und Unterkiefer doppelte Zahnreihen. Ein paar Jahre zuvor war in Santa Rosa in Florida ein riesiges menschliches Skelett mit vier Zahnreihen ausgegraben worden. Minenarbeiter fanden im November 1926 in einem Stollen der Eagle Kohlenmine in Bay Creek (US-Staat Montana) menschliche Backenzähne, deren Besitzer ebenfalls riesenhaft gewesen sein müssen. Zur großen Überraschung der Archäologen und Anthropologen steckten diese Zähne in einer Gesteinsschicht, die mindestens 30 Millionen Jahre alt war.

1958 wurde in Italien das komplette menschliche Skelett eines Riesen gefunden, das von einer elf Millionen Jahre alten Kohleschicht eingeschlossen war. Sogar aus der Karbonzeit (220 - 280 Millionen Jahre vor unserer Zeit) stammen Knochenreste von Riesen.

Überall auf der Welt sind Reste und Spuren von riesigen Hominiden aufgetaucht, und zwar aus Zeiten, in denen es überhaupt keine Menschen oder menschenähnliche Geschöpfe gegeben haben kann. Aus der Zeit des Trias (vor 160 bis 195 Millionen Jahren) gibt es gar einen fossilen Schuhabdruck, der im für jene Epoche charakteristischen Muschelkalk erhalten geblieben ist. Er wurde im Fisher Canyon (US-Staat Nevada) gefunden. Und dabei ist sogar noch eine präzis zugeschnittene Ledersohle genau zu erkennen.

Beim Ausheben der Grube für das Fundament eines Bürohauses in Crittenden (US-Staat Arizona) fanden die Arbeiter drei Meter unter der Erde einen riesigen Steinsarg. In dem Sarkophag waren die mumifizierten sterblichen Überreste eines menschenähnlichen Wesens mit einer Körpergröße von vier Metern. Die Gebeine waren völlig zerfallen Aber Zeichnungen am Sarg zeigten den Riesen. Auch er hatte sechs Zehen an jedem Fuß.

Die Wissenschaftler halten sich in Sachen uralte Riesen bedeckt. Sie weisen lediglich darauf hin, dass die Dinosaurier vor etwa 65 Millionen Jahre durch eine Klimakatastrophe dahingerafft wurden. Dies führte zum Aussterben ganzer Gattungen von Lebewesen, die voneinander abhängig waren. Alle Lebewesen mit einem Körpergewicht von mehr als zehn Kilo starben aus. Auch die Riesen?

Auch Zwerge muss es einmal gegeben haben. Bei Casper (US-Staat Wyoming) wurde eine kleine Mumie gefunden. Unbeabsichtigt hatten Goldsucher bei Sprengarbeiten in einer Schlucht in den Pedro Mountains westlich von Casper eine Höhle freigesprengt. Darin saß eine kleine Mumie mit gekreuzten Beinen und verschränkten Armen auf einem Steinbalken. Sie war dunkelbraun, faltig und hatte humanoide Gesichtszüge.

Der Fund war eine Sensation. Schon die Tatsache, dass die Mumie in dem harten Granit der Pedro Mountains beerdigt werden konnte, galt eigentlich als unmöglich. Es war also kein Wunder, dass die Wissenschaftler zunähst an einen Scherz glaubten, als sie davon erfuhren. Doch die Röntgenaufnahmen zeigten, dass es sich um eine echte Mumie handelte. Man fand Schädelknochen, ein Rückgrat, Arm- und Beinknochen und Zähne.

Zu Lebzeiten dürfte das Wesen etwa 35 Zentimeter groß gewesen sein. Man stellte außerdem fest, dass der Zwerg älter als 60 Jahre war, als er begraben wurde. Allerdings konnte nicht festgestellt werden, wann das Wesen gelebt hat. Die Ägyptische Abteilung der Universität von Boston sah eine starke Ähnlichkeit mit den frühen, ägyptischen Mumien, die nicht eingehüllt waren. Die anthropologische Abteilung der Harvard-Universität bestätigte die Echtheit der Mumie. Die 1,20 x 1,20 x 4 Meter große Höhle war ansonsten leer. Es gab nur den Steinsims, auf dem die Mumie gekauert hatte. Nach Inschriften oder Grabbeigaben suchte man vergebens. Die Mumie des Zwerges ist heute im Museum von Casper zu besichtigen. Das Rätsel um das Wesen wurde nie geklärt.

Ratlos wie den Riesen und Zwergen steht die Wissenschaft auch Launen gegenüber, mit denen uns die so erforschte alte Erde überrascht. Zum Beispiel: Der Oregon-Strudel. Er ist ein kreisförmiges Gebiet im US-Staat Oregon mit einem Durchmesser von 55 Metern. Hier ist nichts so wie anderswo auf der Welt. Die Naturgesetze sind hier offensichtlich außer Kraft gesetzt. Bäume haben einen bizarren Neigungswinkel, Vögel wechseln über dem Gebiet blitzschnell und unfreiwillig die Richtung, Pferde scheuen.

Im Inneren des Kreises steht eine alte Holzhütte, die vor 100 Jahren als Münzprüfbüro gebaut wurde. Damals stand die Hütte hügelaufwärts, sie glitt aber mit der Zeit unaufhaltsam in den Sog des Strudels und wurde von seltsamen Kräften verzerrt und verdreht. Der Zigarettenrauch dreht sich im und am Bauwerk spiralförmig. Besucher nehmen unwillkürlich eine schräge Körperhaltung in Richtung des Strudelzentrums ein, um den Schwerkraftsog auszugleichen. Lehnt man sich in eine andere Richtung, fühlt man, wie das Zerren unsichtbarer Kräfte zunimmt.

Runde Gegenstände rollen aufwärts oder auf einer ebenen Fläche vorwärts in Richtung des Mittelpunktes des Strudels. Papierschnipsel, einfach in die Luft geworfen, drehen sich spiralförmig wie der Zigarettenrauch.

Die Wissenschaftler haben alles versucht, dem Geheimnis des Strudels auf die Spur zu kommen. Man hat gemessen, untersucht, spektroskopiert und experimentiert. Alles ohne greifbare Ergebnisse. Es wurden elektromagnetische Felder vermutet. Aber das würde nicht die Wirkung auf jede Art von Materie erklären.

Welche Kraft ist dafür verantwortlich, dass Besen, Stöcke oder Golfschläger in einem Neigungswinkel von zehn Grad im Gleichgewicht sind? Oder dass ein 15 Kilogramm schwerer Stahlball an seiner Kette schräg herunter hängt? Warum spielen Lichtmesser an Fotoapparaten oder Kompassnadeln verrückt? Der Oregon-Strudel hat 70 Kilometer entfernt noch einen kleineren Bruder. Auch dort stimmen die Naturgesetze nicht. Allerdings verhält sich die Natur dort nicht ganz so verrückt wie beim großen Strudel.

Ein weiteres Rätsel der Erde: In New Brunswick in Kanada gibt es einen magnetischen Hügel, wo Autofahrer bergauf im Leerlauf und bergab mit Vollgas fahren müssen, um vorwärts zu kommen. An solchen Orten spielt uns die Natur rätselhafte Streiche. Und die Wissenschaft kann nichts dazu sagen, zumal sich die Grundeigenschaften der Schwerkraft auch heute noch der Analyse der Wissenschaft entziehen.

Das Phänomen der außersinnlichen Wahrnehmungen (ASW) ist sicherlich schwer zu begreifen und noch schwerer zu erklären. Doch zu welchen außergewöhnlichen Leistungen Tiere in der Lage sind, müsste uns Menschen vor Neid erblassen lassen. Folgt man den Feststellungen des russischen Forschers Vladimir M. Bechterew und seines amerikanischen Kollegen Robert L. Morris, so sind außersinnliche Wahrnehmungen überall im Tierreich anzutreffen. Neben den sowieso entschieden besser funktionierenden „normalen" Sinnen der Tiere ist auch ihr 6. Sinn viel stärker entwickelt. Vieles weist nach Meinung der Wissenschaftler auf Telepathie hin.

Anders könnte auch die lange Reise des Mischlinghundes Bobbie in den USA nicht erklärt werden. Bobbie, Mischling aus Schäferhund und Collie, war im Alter von zwei Jahren von seinem Besitzer, der in Oregon ein Restaurant betrieb, während eines Sommer Urlaubs im US-Staat Indiana getrennt worden. Doch der treue Bobbie begann, seinen Herren zu suchen. Es fiel ihm anfänglich schwer, sich zu orientieren. Er näherte sich seiner

Heimat, dem an der Westküste gelegenen Oregon, nur auf Umwegen. Zuerst machte er eine unnötige Schleife von 1.500 Kilometern, bei der er seinem Heimatort nur 300 Kilometer näher kam. Erst im Spätherbst fand er den richtigen Weg, der ihn direkt nach Hause führte.

Er durchquerte die Bundesstaaten Illinois und Iowa, schwamm durch den von Eisschollen bedeckten Missouri und überquerte im Winter die gefährlichen, verschneiten Rocky Mountains.

Dabei hielt er natürlich nicht die Route ein, die sein Besitzer auf dem Hin- und Rückweg gefahren war, Bobbie legte Tausende von Kilometern durch Gebiete zurück, die er noch nie gesehen oder gerochen hatte. Wenn er müde und hungrig war, blieb er ein paar Tage bei freundlichen Farmern. In Des Moines in Iowa verbrachte er das Erntedankfest und blieb noch ein paar weitere Wochen bei einer netten Familie. Dann machte er sich wieder auf den Weg. Im Februar, sechs Monate nach Beginn der ungewöhnlichen Reise, kam Bobbie völlig entkräftet in Oregon an.

Doch das Haus, in dem er vorher mit seinem Herrchen gelebt hatte, war leer. Er schlief eine Nacht und ging in die Stadt, zum Restaurant seines Besitzers. Im ersten Stock lag das Herrchen, Frank Frazier, und schlief. Als ihn Bobbie mit der kalten Nase berührte, wäre er vor Schreck, Erstaunen und Freude fast vom Sofa gefallen. Bobbies 5.000 Kilometer lange Reise war zu Ende.

Wissenschaftler befragten hunderte von Menschen, bei denen Bobbie während seiner Wanderung zu Gast war oder die ihn gesehen hatten. So konnte der lange Heimweg genau rekonstruiert werden. Das Fazit der Wissenschaftler: Die Heimkehr Bobbies war nur durch außersinnliche Wahrnehmungen möglich, wie sie bei Menschen noch nicht beobachtet wurden.

Ein großes ungelöstes Rätsel dieser Erde ist die Kommunikation zwischen Menschen und Tieren. In der christlichen Mystik gibt es die Legende vom heiligen Franziskus, der sich mit den Tieren unterhalten konnte. Doch der Heilige hatte auch in der Neuzeit Nachfolger. Einer hieß Fred Kimball und wurde als „der Mann, der mit den Tieren redet" bekannt. Man versuchte mehrmals, ihn zu überführen und als Scharlatan hinzustellen. Vergebens.

Kimball wurde in den USA berühmt, als er ein Pferd auf ungewöhnliche Weise heilte. Das Tier lahmte an den Hinterbeinen. Kimball erfuhr nach einem kurzen „Gedankenaustausch" mit dem Tier, dass es einen Splitter in seinem Rücken hatte. Kimball machte die Ärzte darauf aufmerksam, die tatsächlich einen Splitter fanden und entfernten. Das Pferd wurde gesund.

Ein Hund „berichtete" Kimball, er leide unter der Scheidung seiner Herrchen und dass er sich an der Frau, die nach seiner Meinung die Schuld trug, rächte, indem er die Wohnung verunreinigte. Als Kimball mit der Frau sprach, zeigte sie sich überrascht. Sie hatte ihm zwar von den Verunreinigungen berichtet, aber nichts über ihre familiären Verhältnisse. Immer wieder gelang es Kimball, vor den Augen und Ohren der Skeptiker in Gesprächen mit Tieren Informationen über die Lebensgewohnheiten ihrer Besitzer zu erfahren. Er sprach mit Säugetieren, Vögeln, Reptilien und Amphibien. Vor einem Renntag sprach Kimball kurz mit den Pferden und sagte dann 14 von 16 Siegern voraus. Kimball ließ sich für seine Unterhaltungen mit den Tieren bezahlen. Das tat der siebzehnjährige Francisco Duarte aus Brasilien nicht. Der geistig und körperlich zurückgebliebene Junge war offenbar im Stande, sich allen Tieren mitzuteilen. Auch Bienen, Spinnen, Schlangen und Ratten.

Wissenschaftler, die das Phänomen untersuchten, bestätigten, dass Francesco Bienen Anweisungen geben konnte, die sie genau befolgten. Er war in der Lage, Fische im Fluss herbeizurufen und konnte Giftschlangen zu Kunststücken veranlassen. Die Wissenschaftler registrierten diese außergewöhnlichen Ereignisse. Eine Erklärung fanden sie nicht.

Noch unerklärlicher sind jedoch jene Kommunikationen, die von den Tieren ausgehen. So wie der Setter „Jim“ aus Sedalia (US-Staat Missouri). Der Hund wurde wegen seiner richtigen Voraussagen bei Pferdewetten jahrelang von Wissenschaftlern getestet. Die Juristen und Politiker der gesetzgebenden Körperschaft von Missouri versuchten mit ihm im Morsecode zu „sprechen“. „Jim“ verstand das Alphabet und reagierte auf die

Anweisungen wie ein Mensch, der des Morsealphabets mächtig ist. „Jims" letzte spektakuläre Vorhersage betraf 1936 den Ausgang der Präsidentschaftswahlen. Er sagte Roosevelt als Sieger voraus – im Gegensatz zu den demoskopischen Umfragen, die Landon als haushohen Sieger sahen. „Jim" starb 1937. Natürlich war Roosevelt gewählt worden.

1913 war schon in Berlin der Mischlingshund Rolf Gegenstand des wissenschaftlichen Interesses gewesen. Rolf war seiner Besitzerin, Paula Möckel aus Mannheim, zum ersten Mal aufgefallen, als er eine Rechenaufgabe löste, die sie ihrer kleinen Tochter gestellt hatte. Auf die Frage wie viel zwei Plus zwei sei, hatte Rolf ungebeten viermal mit der Pfote auf die Schulter des Kindes gestoßen.

Die Professoren Dr. Ziegler und Dr. Schloesser entdeckten, dass Rolf in der Lage war, schwierige Rechenaufgaben zu lösen, dass er mit einem eigens entwickelten Alphabet Gegenstände benennen und Farben unterscheiden konnte. Er verfügte über ein bildhaftes Vokabular. So war der Herbst für ihn „Zeit der Äpfel". Trotz intensiver Untersuchungen und Beobachtungen konnte niemand erklären, woher Rolfs Fähigkeiten kamen.

Der rassereine Dackel Kurwenal, dem seine Besitzerin, Mathilde Baronesse von Freytag-Loringhoven, ein Bellalphabet beigebracht hatte, konnte sich zur Verblüffung des Berliner Universitätsprofessors Dr. Siegmund Schultze und anderer

Wissenschaftler mit den Forschern unterhalten. Er führte Gespräche, die nach Meinung der Wissenschaftler über dem Niveau vieler Menschen lagen. Er rechnete schneller als die meisten Wissenschaftler, die ihn prüften. Er löste eine schwierige Rechenaufgabe in vier Minuten, während sein menschlicher Gegner zehn Minuten brauchte.

Niemals ist das Geheimnis der Menschen, die mit Tieren sprachen, oder von Tieren, die mit Menschen kommunizierten, gelüftet worden. Die Unterlagen und Protokolle der Überprüfungen und Experimente liegen in den Archiven der Universitäten begraben. Diese Phänomene gab es und gibt es noch heute. Professor Dr. J. B. Rhine, Vater der Parapsychologie, sprach angesichts der „tierischen Wunderkinder" von „...erstaunlichen Burschen, jenseits jeder Erklärung."

Niemand wusste, wer er war, wo er herkam, wie er hieß. Der Mann, den man den Grafen von St. Germain nannte, verfügte über unendlich viel Geld, war gebildet – er beherrschte 25 Sprachen, darunter auch arabische und orientalische – spielte göttlich Violine und Spinett und besaß ein überragendes umfassendes Wissen. Der Philosoph Voltaire sagte über ihn: „Der ist ein Mensch, der ewig lebt und alles weiß." Im Jahr 1710 war der Graf von St. Germain aus dem Nichts in Paris aufgetaucht. Er sah aus, als sei er 40 bis 45 Jahre alt. Doch er alterte nie. Als die Gräfin von Gerogy ihn nach 50 Jahren wiedersah, glaubte sie an ein Wunder. Sie schrieb an eine Freundin: „Er sieht ganz genauso aus wie vor einem halben Jahrhundert. Er ist nicht die Spur gealtert." Der Graf war ein Vertrauter von Madame de Pompadour, der Mätresse des Königs Ludwig XV. Er erklärte ihr die Lebensart seiner Zeit so: „Madame, alle Frauen suchen die ewige Jugend und alle Männer den Stein des Weisen. Die einen wollen die ewige Schönheit, die anderen ewigen Wohlstand." Ganz Europa war davon überzeugt, dass der Graf beides entdeckt hatte. Er selbst behauptete es auch einige Male von sich.

Seine Freundin und Chronistin Madame d'Adhemar berichtet in ihrem Tagebuch, sie habe ihn 1820 zu letzten Mal gesehen. Da hätte der Graf etwa 150 Jahre alt sein müssen. Selbst wenn dieser Bericht der Fantasie einer alten Dame entprungen sein mag, ist sicher, dass der Graf 1789 die französische Revolution vor der er schon seit Jahren gewarnt hatte, erlebte. Viele Zeugen haben ihn beobachtet und gesprochen. Er muss damals 90 oder älter gewesen sein, doch er sah immer noch ein Mittvierziger aus.

Der Graf war unermesslich reich. Er besaß Tausende von Brillanten in allen Größen und Formen. Manchmal ließ er durchblicken, er könne die kostbaren Steine selber herstellen. Er war mehrere Male durch Indien gereist, war in tibetanischen Klöstern und am Hof des Schah von Persien. Dort habe er gelernt, so erzählte er häufiger, Diamanten zu produzieren und Gold aus Blei zu machen. Offiziell ist er 1784 gestorben. So steht es jedenfalls in den Kirchenbüchern der Stadt Eckernförde. Was er dort machte und wie er dort hinkam, ist unbekannt.

Doch schon ein Jahr später wurde er bei Veranstaltungen von Rosenkreuzern, Illuminaten, Nekromanten und Humanisten von Hunderten gesehen. 1788 warnte er in Paris lautstark die Adeligen vor der bevorstehenden Revolution. Nach deren Beginn reiste er 1789 nach Schweden, wo er König Gustav III. von einer schweren Krankheit heilte. Und immer noch sah er aus wie ein Mittvierziger.

Okkultisten sind der Meinung, der Graf von St. Germain lebe immer noch, da er im Besitz des Geheimnisses der Unsterblichkeit sei. Im Jahre 1972 behauptete ein Richard Chanfrey im französischen Fernsehen, er sei er Graf von St. Germain. Zum Beweis verwandelte er vor den Kameras einen Bleiklumpen auf einem Campingkocher in Gold. Selbstverständlich glaubten die meisten an einen Trick, was es wahrscheinlich auch war. Aber jener Richard Chanfrey war wie der Graf aus dem Nichts aufgetaucht. Niemand kannte ihn. Er sah aus wie ein Mittvierziger und niemand hat ihn nach dem Auftritt wieder gesehen.

Maria Pereira aus dem spanischen Dorf Belmez de la Moraleda glaubte zunähst an einen albernen Scherz. Als sie vom Einkaufen nach Hause kam, lächelte ihr in der Küche ein Frauenbild entgegen, das auf den Ofensims gemalt zu sein schien. Frau Pereira versuchte, das Bild wegzuwischen. Doch es verschwand nicht. Das Bild, so meinte Senora Pereira habe sogar ironisch gelächelt. Wenig später tauchte ein neues Bild auf. Diesmal auf dem Fußboden. Auch dieses ließ sich nicht entfernen. Nicht einmal, als eine neue Zementschicht darüber gelegt wurde. Das Bild blieb trotzdem. Dann tauchten immer wieder neue Bilder auf. Einige verschwanden wieder am gleichen Tag. Andere änderten mit der Zeit ihren Ausdruck. Mit der Zeit wurde das Haus in der Rodriguez Acosta-Straße zum Mittelpunkt des Dorfes. Senora Pereira machte das beste daraus und erhob von Neugierigen Eintritt.

Inzwischen hatten sich der deutsche Parapsychologie-Pionier Professor Dr. Bender aus Freiburg und sein spanischer Kollege Dr. German de Argumosa in den geheimnisvollen Fall einge-schaltet. Sie konnten nicht verhindern, dass Frau Pereira ihre Küche Abriss und durch eine neue ersetzte.

Es nutzte ihr wenig: Die Gesichter kamen wieder. Sie wurden fotografiert, analysiert, wobei Kunstexperten die Ansicht vertra-ten, es handele sich um Kunstwerke im Stil des Expressionismus.

Die Professoren Bender und Argumosa hatten das Glück, bei der Entstehung eines der Bilder anwesend zu sein. Argumosa berichtete: „Es war unglaublich, wie das Gesicht vor unseren Augen langsam Konturen annahm. Auf dem Fußboden tauchten scheinbar unzusammenhängende Linien auf, die sich schließlich zu einem beeindruckenden und faszinierenden Abbild eines Gesichtes zusammenfügten." Auch dieses Gesicht wurde mehr-fach fotografiert, löste sich aber im Laufe des Tages in Nichts auf. Die Professoren machten chemische Analysen, die aber nichts ergaben. Bei Grabungen fand man in 2,7 Metern Tiefe menschliche Knochen. Doch das konnte niemand überraschen, da das Dorf über einem alten Friedhof gebaut worden war.

Das Spukhaus von Belmez war inzwischen zum Treffpunkt vieler Interessierte aus ganz Europa geworden. Einige der Besucher hatten Kassettenrecorder mitgebracht, die sie im Haus laufen ließen. Bender und Argumosa sammelten die Bänder und hörten sie ab. Auf vielen waren laute Schreie, das Gewirr vieler Stimmen und ein Schluchzen zu hören, Geräusche, die normalerweise in dem Haus nicht zu hören waren. Aber auch diese interessanten Spuren führten die Wissenschaftler nicht weiter auf dem Wege, die Gesichter von Belmez erklären zu können. Schließlich blieb ihnen nach monatelangen Forschungen nichts anderes übrig, als das Erscheinen der Bilder als paranormales Ereignis zu bezeichnen. Ab 1978 tauchten plötzlich keine Bilder mehr auf. Bis heute wurde keine Erklärung für ihr Erscheinen gefunden.

Wenn sich die Zeit verschiebt...

Schwester Maria aus einem Kloster im spanischen Agreda wäre fast auf dem Scheiterhaufen gelandet. Wegen Verstoßes gegen die göttliche Ordnung. Zwischen 1620 und 1631 erzählte sie ihren Oberen häufiger über Flüge nach Mittelamerika, wo sie Jumlano-Indianer zum Christentum bekehre. Aber offiziell hatte die Schwester das Kloster nie verlassen. Sie wurde zunächst wegen dieser Berichte schwer getadelt. Vor allem, weil sie berichtete, sie habe die Erde als Kugel gesehen, die sich um ihre eigene Achse dreht. Damals eine ungeheure ketzerische Ansicht.

Dann wollte man die Nonne auf den Scheiterhaufen schicken. Doch es kam anders. Plötzlich standen ihre Berichte über die Indianer, ihr Leben, ihre Umwelt nicht mehr als gotteslästerliche Prahlerei da. Pater Alonzo de Benavides bestätigte alle ihre Angaben. Der Pater hatte den offiziellen Auftrag, die mexikanischen Jumlano-Indianer zu bekehren. Doch er fand seine Aufgabe schon erfüllt. Im Jahr 1622 schrieb Pater Alonzo an den Papst und König Philip IV. von Spanien, eine rätselhafte Frau, die von den Indianern „Blaue Frau" genannt wurde, sei bereits dort gewesen. Sie habe Kreuze, Rosenkränze und einen Kelch verteilt.

Weder dem Papst noch dem König war eine Nonnen in missionarischer Tätigkeit bekannt. 1630, nach seiner Rückkehr nach Spanien, hörte Pater Alonzo von den Behauptungen der Nonne Maria im Kloster von Agreda.

Er unterhielt sich lange mit ihr und fand heraus, dass sie genaue Einzelheiten über die indianischen Sitten und Gebräuche kannte. Sie konnte auch das Dorf, wo die Indianer wohnten, genauestes beschreiben. Zur großen Überraschung stellte sich noch heraus, dass der Kelch, der den Indianern geschenkt worden war, aus dem Kloster der Nonne Marie stammte.

Der Historiker James A. Dcaricco hat in der Neuzeit die eigenartigen Besuche der Nonne Maria untersucht. Er stellte fest, das sie mehr als 500 Missionsbesuche abgestattet hatte. In seinen Untersuchungen schreibt Caricco: „Maria besuchte tatsächlich viele Male Amerika. Dies ist belegt durch die Logbücher der spanischen Eroberer, durch die französischen Forscher und die übereinstimmenden Berichte der verschiedenen Indianergruppen, die zum Teil Tausende von Meilen voneinander entfernt leben. Für dieses mystische Phänomen gibt es in der ganzen Weltgeschichte keine Parallele."

Auch in den Büchern des Klosters von Agreda wird die Wahrscheinlichkeit der Missionsreisen der Nonne Maria bestätigt. Allerdings: „Offiziell ist nicht bekannt, dass sie auch nur ein einziges Mal das Kloster verlassen hat." Es gibt viele Berichte darüber, dass Menschen ohne eigenen Willen an Orten auftauchten, die sie nicht kannten und wohin sie auch nicht wollten. Immer mehr Wissenschaftler schließen sich der Meinung an, es gebe durchaus eine Verschiebung der Zeit, die manchmal nur für kurze Zeit wirksam werde.

So im Fall der beiden englischen Lehrerinnen Anne Moberly und Eleanor Jourdain, die bildungsbewusst das königliche Schloss in Versailles besuchten. Sie gingen durch die Gärten zum Petit Trianon, dem kleinen Schlösschen von Marie Antoinette. Da sie sich nicht auskannten, baten sie zwei Gärtner, die eigenartigerweise Gewänder des 18. Jahrhunderts trugen, ihnen den Weg zu zeigen. Die angeblichen Wärter reagierten nicht. Die Lehrerinnen gingen weiter und stießen in einem Waldstück auf einen grimmig blickenden Mann, der vor einem temple d'amour saß und vor sich hinstarrte. Ein junger Mann trat hinter dem Tempel hervor und kam über einen Rasen voller Unkraut auf sie zu.

Er sprach einen französischen Dialekt, den sie nicht verstanden. Mit Gesten und Handzeichen führte er sie über eine hölzerne Brücke, die einen kleinen Bach überspannte, zum Petit Trianon. Die beiden Engländerinnen bemerkten eine attraktive Dame, die die nahe gelegenen Wälder zeichnete. Sie trug einen großen Hut, ein Mieder und einen kurzen, weißen Rock. Als sie die Engländerinnen erblickte, war sie zutiefst erschrocken.

Später erzählten die Lehrerinnen, alles habe unnatürlich ausgesehen. Die Bäume schienen leblos zu sein. Es habe keinen Schatten gegeben, kein Windhauch habe die Blätter bewegt. Und es sei absolut still gewesen. Doch plötzlich habe sich die unheimliche Stille aufgelöst und die Umgebung wurde wieder real. Die malende Dame war verschwunden. Und ein ganz normaler Parkführer habe sie ein zweites Mal durch den Garten geleitet.

Viele Jahre verloren die Lehrerinnen kein Wort über ihr Erlebnis. Erst 1911 gaben sie ein kleines Buch heraus, in dem sie ihre unheimlichen Begegnungen in Versailles schilderten. Sie hatten sich historisch informiert und waren zu dem Ergebnis gekommen, dass sie im Revolutionsjahr 1789 ihren Spaziergang durch die königlichen Gärten unternommen hatten. Die Gärtner so schrieben sie, seien wohl Mitglieder der Schweizer Garde gewesen, der dunkle, grimmige Mann wahrscheinlich der Conte de Vaudreuil. Frauen und junge Mädchen im Hintergrund könnten historischen Quellen zufolge Angehörige von Bauernfamilien gewesen sein, die auf dem zum Schloss gehörenden Grundbesitz arbeiteten. Und die malende Dame war wohl Marie Antoinette, die französische Königin kurz vor ihrer Hinrichtung. Die persönliche Schneiderin der Königin erwähnte in ihren Memoiren, dass sie verschiedene Mieder und kurze Röcke für Marie Antoinette geschneidert habe.

Das Buch der englischen Lehrerinnen wurde ein Bestseller. Historiker lobten die genaue Beobachtung und Schilderung der Situation, die durchaus realistisch sein könne. Nur an einem Punkt hielten sich die Skeptiker fest: In keinem Bericht über die königlichen Gärten war von einer hölzernen Brücke und einem kleinen Bach die Rede. Dieser fehlende Puzzlestein führte dazu, dass die Lehrerinnen wegen ihrer Erzählung verspottet wurden. Erst einige Jahre später wurden die Pläne des königlichen Gartenarchitekten im Kamin eines alten Hauses gefunden, wo sie vor der Revolution in Sicherheit gebracht worden waren. Darin war auch ein kleiner Bach und eine hölzerne Brücke verzeichnet. Der Bach und die Brücke waren bei späteren Änderungen des Gartens entfernt worden und niemand erinnerte sich daran. Doch die beiden Lehrerinnen hatten sie gesehen.

Verflucht...

In Lubaantum in Britisch Honduras (heute Belize) fand man 1927 in einem mehr als tausend Jahre alten Maya-Tempel einen Totenschädel, der bald „Schädel des Todes" genannt wurde. Die Menschen, die ihn fanden und andere, die ihn untersuchten, starben. Andere, die ihn später in den Händen hielten, litten unter merkwürdigen Halluzinationen, wurden gedanklich in die Zeit der Maya zurückversetzt.

Aber dieser sogenannte Fluch hinderte die Wissenschaft nicht daran, dieses Wunder der Technik immer und immer wieder zu untersuchen und es fast wie ein Wunder zu betrachten. Der Schädel ist 13 Zentimeter hoch wiegt um die fünf Kilogramm. In dem kristallenen Kopf sind verborgene Prismen und handgeschliffene Linsen. Dadurch glänzt er in einem unwirklich blendenden Licht. Es scheint unmöglich, dass der Schädel ein Produkt der Maya-Kultur ist. Diese technischen Fertigkeiten besaßen die Maya nicht. Das Werk setzt eine fortgeschrittene Technik der Optik und unglaubliches Geschick in der Steinschneidekunst voraus.

Schätzungen ergaben, dass der Totenschädel, der etwa 1.000 Jahre alt sein muss, in etwa sieben Millionen Arbeitsstunden geschaffen wurde. Jedenfalls nach dem Stand der heutigen Technik. Er kann auch keine moderne Schöpfung sein, da die bei der Herstellung verwendete Methode der Kristallbearbeitung wird sein Hunderten von Jahren nicht mehr angewandt. Der Wissenschaftler und Restaurator Frank Dorland, der sich intensiv mit dem Schädel beschäftigt, meint lakonisch: „Er muss aus einer anderen Welt stammen." Dorland sagt auch: „Der Schädel löst bestimmte Reflexe im Gehirn aus, so dass man sich einbildet, unbekannte Gerüche oder Geräusche wahrzunehmen." Wer den Totenkopf fertigte und zu welchem Zweck, weiß bis heute niemand.

Kaum ein Phänomen ist mit solcher Leidenschaft und Schärfe diskutiert worden wie der so genannte Fluch der Pharaonen . Hier standen sich Befürworter und Gegner gnadenlos gegenüber. Man tauschte Fakten, Beweise und Gegenbeweise aus. Doch die Argumentation der Befürworter der geheimnisvollen Flüche konnte bisher nicht widerlegt werden. Nichts ist bewiesen, aber die Tatsachen sprechen für sich.

Lord Carnarvon (57), leidenschaftlicher Amateurarchäologe, waren als Ägyptologe die Geschichten über den Fluch des Pharaos wohl bekannt. Als er Anfang 1922 nach Ägypten aufbrach, um das Grab des Kindpharaos Tutenchamun zu suchen, hatten ihm viele wohlmeinende Fachleute abgeraten Er störte sich nicht daran. Der Jagdeifer war zu groß.

Einer der berühmtesten Okkultisten seiner Zeit, Lord Hamon, schickte Carnarvon noch ein warnendes Telegramm hinter her: „Lord Carnarvon. Grab nicht betreten. Bei Ungehorsam Gefahr.

Bei Nichtbeachtung Krankheit. Nie wieder gesund. Tod ereilt Sie in Ägypten." Carnarvon war von dem Telegramm sehr betroffen. Er befragte noch zwei ägyptische Hellseher nach seinen Chancen. Beide sagten ihm den sicheren Tod voraus, wenn er das Grab fände und dort eindringe. Doch auch durch diese Warnung ließ er sich nicht von seinem Vorhaben abbringen. Er wollte sich seinen Traum erfüllen. Und er gab sich bewusst sorglos und sagte, er könne über diese sogenannten Flüche nur lachen.

Am 17. Februar 1923 stand der Lord tatsächlich in der Grabkammer Tutenchamuns. Carnarvon und sein amerikanischer Partner Howard Carter fanden unermessliche Schätze: Gold, Edelsteine und Perlen. Der Sarg, in dem die mumifizierte Leiche Tutenchamuns lag, war aus purem Gold. Nach Aussagen von Mitgliedern des Grabungsteams hing über dem Sarg eine Tafel mit der Inschrift: „Tod wird über jene kommen, die den Schlaf des Pharaonen stören." Diese Tafel ist später nie mehr aufgetaucht und sie wurde auch nicht fotografiert.

Zwei Monate nach dem Einbruch in das Pharaonengrab fühle sich Lord Carnarvon plötzlich sehr schlecht. Als sein Sohn im Kairoer Hotel Continental eintraf, war der Lord bereits bewusstlos. Er starb in der gleichen Nacht. Carnarvon Sohn erinnert sich, dass im Moment des Todes die „Lichter in ganz Kairo ausgingen – wir zündeten Kerzen an und beteten." In der Todesnacht begann der Hund des Lord im Haus in Hampshire in England plötzlich grundlos zu heulen. Dann legte er sich hin und starb.

Carnarvons Tod wurde auf einen Mückenstich zurückgeführt, der eine Lungenentzündung ausgelöst hatte. Seltsamerweise hatte die Mumie Tutenchamuns einen winzigen geplatzten Makel an der selben Stelle, wo bei Carnarvon der Mückenstich war. Ein paar Tage später gab es im Hotel Continental ein weiteres Todesopfer. Der amerikanische Archäologe Arthur Mace, eines der führenden Mitglieder des Teams, fiel plötzlich ins Koma und starb, bevor die Ärzte ihn behandeln konnten. Nun begann eine regelrechte Todesserie:: Der Ägyptologe George Gold, ein Freund Carnarvons, kam sofort nach Kairo, als er vom Tod des Lords gehört hatte. Als Erstes besichtigte er das Pharaonengrab. Am nächsten Tag hatte er hohes Fieber. Zwölf Stunden später starb er.

Der Radiologe Archibald Reid, der den Leichnam Tutenchamuns geröntgt hatte, erkrankte und wurde sofort nach England zurückgebracht. Dort starb er nach ein paar Tagen. Carnarvons persönlicher Sekretär während der Expedition, Richard Bethell, wurde mit Herzversagen tot in seinem Bett aufgefunden.

Der britische Industrielle Joel Wood war der Erste, der zur Besichtigung des Graben eingeladen worden war. Auch er starb an einem geheimnisvollen Fieber. Nach sieben Jahren waren nur noch zwei Mitglieder des ursprünglichen Ausgrabungsteams am Leben. 22 Menschen, die mit der Expedition zu tun hatten, waren gestorben. Darunter auch Lady Carnarvon und der Halbbruder des Lords. Er beging Selbstmord.

1969 gab der einzige noch überlebende der Expedition, der damals 70jährige Richard Adamson, im britischen Fernsehen ein Interview, „um den Mythos des Fluchs über den Haufen zu werfen". Adamson hatte als Sicherheitswächter für Lord Carnarvon bei der Expedition gearbeitet. Er erzählte den Zuschauern: „Ich habe nie auch nur einen Augenblick an den Fluch geglaubt." Auf der Heimfahrt vom Interview verunglückte sein Taxi und er wurde auf die Straße geschleudert. Ein Lastwagen verfehlte ihn nur um Zentimeter.

Es war das dritte Mal, dass Adamson versucht hatte, den Fluch als Legende zu demaskieren. Als er zum ersten Mal in der Öffentlichkeit darüber sprach, starb seine Frau wenige Stunden danach. Beim zweiten Mal brach sich sein Sohn bei einem Flugzeugunglück das Rückrat.

Während seiner Genesung sagte Adamson im Krankenhaus: „Bisher habe ich mich immer geweigert zu glauben, die Schicksalsschläge in meiner Familie hätten etwas mit dem Fluch zu tun. Doch nun bin ich mir nicht mehr so sicher."

Im Jahr 1972 erhielt die Geschichte des Fluches neue Nahrung. Die goldene Totenmaske Tutenchamuns wurde von Kairo nach London geschickt, wo sie im Britischen Museum in einer Ausstellung gezeigt werden sollte. Den Versand beaufsichtige Dr. Gamal Mehrez, Direktor der Altertümer in Kairo. Dr. Mehrez glaubte nicht an einen Fluch. Die Todesfälle waren in seinen

Augen purer Zufall. Er beobachtete, wie die Totenmaske auf einen Lkw verladen wurde und ging dann nach Hause. Am gleichem Abend starb er.

Zum Transport der Maske stand ein Flugzeug des Transportkommandos der britischen Luftwaffe bereit. Innerhalb der nächsten fünf Jahre nach dem Flug wurden sechs Mitglieder der Besatzung vom Tod oder anderen Schicksalsschlägen heimgesucht.

Der Flugoffizier Rick Laurie, Chefpilot, und der Flugingenieur Ken Parkinson starben an Herzinfarkten. Laurie war 46, Parkinson 40 Jahre alt. Chefmechaniker Ian Landsdowne brach mit einer Leiter zusammen und wurde dabei so schwer am Bein verletzt, dass er sein Leben lang behindert blieb. Während des Fluges hatte er aus Scherz gegen die Kiste mit der Maske getreten.

Der Navigator Jim Webb verlor seinen ganzen Besitz, als sein Haus abbrannte. Eine Sergeantin musste die Luftwaffe wegen einer schweren Operation verlassen. Sergeant Brian Rounsfall erlitt zwei Herzattacken, die er überlebte.

Übrigens: Im Jahr 1912 überquerte ein Dampfschiff den Atlantik mit einer wertvollen Fracht, der ägyptischen Mumie einer Prophetin aus der Zeit Tutenchamuns. Die Mumie wurde wegen ihres Wertes nicht im Ladedeck verstaut, sondern in einer

Kabine hinter der Brücke. Das Schiff war die „Titanic" und ging mit 1513 Menschen unter. Ein Schmuckstück, das die Mumie trug, hatte die Inschrift: „Erwache aus dem Traum, der deinen Schlaf hütet, und du wirst über alles triumphieren, was wider dich ist."